JN116385

発達心理学

生涯にわたる心の発達

金丸 智美

クオリティケア

金丸　智美　淑徳大学総合福祉学部実践心理学科

はじめに

　言葉の使用は人に特有の能力の筆頭に挙げられます。では，人間はどのようにして，言葉を外に表すことなく，思考の手段とすることができるようになり，自分とは何かということを探求する存在になったでしょうか。

　私は，心理学の古典的な理論や，近年の新しい研究の中で明らかにされる，心の働きについて知るとき，人間は進化の過程で，なぜ他の動物とは異なるさまざまな能力を持つようになったのだろうかと，ある種の神秘的な感情に浸ることがあります。

　発達心理学は，受胎から死までという生涯の中で，時間の経過とともに，人間に備わる心の働きや行動がどのように変化するのかというメカニズムを明らかにすることで，人間とは何かを探求する学問といえます。人間の発達は，身体の発育，運動や姿勢という側面，知覚する，考える，言葉を話す，記憶するなどの認知的な側面，感じるという感情的側面，他者とのやり取りという対人関係的な側面，他者と円滑に関係を持つための社会性という側面など複数の切り口から捉えることができます。また，これらが統合されて個人の「その人らしさ」が形づくられていきます。このような個人差がどのようにして現れるのかということも，発達心理学で長年，関心を持たれてきた重要なテーマのひとつといえます。

　この本を，大学の生涯発達心理学や発達心理学の講義で使用する教科書として，全14章で構成しました。第1章で人間にとっての発達の意味を，第2章で個性を形作るものとして遺伝と環境について取り上げます。第3章の胎児期と第4章の乳児期，そして第9章の児童期から第13章の高齢期までは，各発達段階の人々の心の発達について見ていきます。途中の第5章から第8章までは，対人関係，言葉，自己や感情，社会性という，発達の側面をテーマとしています。最後の第14章は，近年臨床的に重要なテーマとなっている発達障害と虐待について取り上げました。

　現代は，高齢社会，情報社会，経済至上主義社会であり，変化の激しい時代ともいえます。社会の中で生きている人々の心理や行動も，このような社会の変化の影響を受けているはずです。現代に生きる人々の発達や心理の現状を把握できるように，資料に関しては，可能な範囲で新しいものを掲載しました。また，各章の事前・事後学習課題を行うことで，皆さんの学びが深まることを目指しています。

　皆さんにとって，発達心理学を学ぶことが，これまで当たり前だと思っていた人

の心理や行動の不思議さに気づいたり，これまでのご自分の成長を振り返ったり，将来の生き方について考えを深めたりする契機となれば，とても嬉しく思います。

　また，人に備わる共通性や，個性の成り立ち，あるいは他の世代の人々の心の状態を知ることが，この社会に生きる人々への共感となって，皆さんの中に残ることを願っています。

2018 年 2 月

金丸　智美

目　次

表紙絵：加藤亮祐（5歳）
きょうりゅうのくに（みんなでせなかにのってみたいな）

第1章 ヒトにとっての発達

> ・「発達する」ということについて自分の考えをまとめる。
> ・他の動物にはないヒトに固有の心の機能や行動を挙げ，それらについてまとめる。

1 発達とは何か

「発達」とはどのような意味を含むのであろうか。心理学における「発達」という言葉は"development"の訳語として用いられ，その漢字の構成には，どこからか出発し，どこかに到達するという意味を含むことが示されている。一方"development"は，「巻物を開いて内容を読む」や，「現像する」いう意味を含むとされるように，既にあるものが，時間の経過とともに開かれていき，明らかになるという現象を表しているといえる（藤永，1992）。

発達とは，生物学的要因と環境的要因とが相互作用を行いながら，時間の経過とともに，心の機能や行動が変化していくことである。ここでいくつかの論点が生じる。

第一に，発達における時間の経過とは，人生のいつから，いつまでを含み，発達心理学においてどの年齢の人々が研究対象とされるのであろうか。心身の伸びが著しい青年期頃までが研究対象となるのであろうか。あるいは，誕生した時から成人期以降を含む死までの生涯が該当するのだろうか。

第二は，発達心理学における「変化」とは，どのような方向の変化なのだろうか。心の機能が年齢とともに向上したり，できなかったことができるようになったりという右肩上がりの方向の変化なのだろうか。あるいは心の機能や行動が衰えていくという下向きの方向の変化も含むのであろうか。

第三は，発達における生物学的要因と環境的要因とは，具体的にどのようなこと

を含むのであろうか。また，生物学的要因と環境的要因の相互作用とはどのような現象を指すのであろうか。

　第四は，ヒト[注1]は霊長類に属する大型類人猿の一種であるが，他の動物にはないヒトに固有の心の機能や行動とは何だろうか。

　この章では，これらの論点に沿って発達とは何かについて考えていく。

2 児童心理学から生涯発達心理学へ

　発達の捉え方は，時代とともに変わってきた。現在の発達心理学に該当するものは，1970年代までは児童心理学とよばれていた。ここで研究の対象となるのは，乳児期から青年期までであり，未熟な子どもが身体，認知，行動などの機能を向上させながら，熟達した完成体としての大人になっていくとみなされていた。つまり，心身の機能は青年期頃をピークとし，それ以降の中年期や高齢期は低下していくだけの時期とされ，研究対象とされることもほとんどなかったのである。

　1980年代には，生涯にわたって心の機能や行動が変化するという考えに立つ生涯発達心理学（Life-span Developmental Psychology）が提唱された。その契機の第一として，人の寿命が伸び高齢社会になったことが挙げられる。現在日本の平均寿命は男女とも80歳を超えているため，青年期以降死を迎えるまで私たちは60年以上生きることになる。その60年の間に人がどのように生きるのかということに対する社会の関心の高まりを受け，成人期や高齢期を対象とした研究も増えていった。つまり，生涯発達心理学における時間の経過の中での到達点は，児童心理学で青年期とされていた時代から，高齢期さらには死へと延長されたのである。さらに生涯発達心理学が提唱された契機の第二として，人生早期の発達への関心の高まりや研究の増加が挙げられる。研究技術の進歩によって，乳児期や，さらに遡った胎児期における成長や行動の様子が明らかにされてきた。生涯発達心理学における出発点は，いのちの始まりである受胎時とされる。

3 獲得と喪失を含む発達

　生涯発達心理学の礎を作ったバルテス（Baltes, P.B.）[注2]は，生涯発達を「人の受胎から死までの，生涯を通しての行動の恒常性と変化」とした（Baltes, P.B., 1987）。また彼は，獲得と喪失が，相互にダイナミックに作用し合うことで，環境

注1）動物の一種としての人間を表現する場合に「ヒト」と表記する。

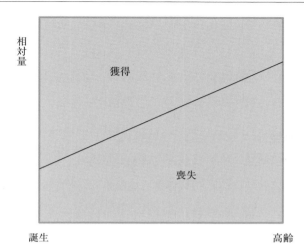

図 1-1　生涯発達における獲得と喪失
（出所）Baltes, 1987

に適応をしていくことを発達として捉えた。図 1-1 からは，誕生した時から獲得
だけではなく喪失もあること，一方高齢期においては喪失だけではなく，獲得もあ
ることがわかる。

　乳児期に関して，ある能力の喪失に適応的な意味があることが明らかにされてい
る。たとえば，生後 6 か月頃の乳児は異なる人の顔だけではなく，異なるサルの顔
も見分けることが可能であるが，生後 9 か月頃にはサルの顔を見分ける能力は失わ
れていくことが研究によって示されている（Pascalis et al, 2002）。日常生活で必要
な能力を残し洗練させたほうが，生存の確率は高まるため，自分が生きる環境に必
要のない能力を失うことが，適応的な意味を持つといえる。

　高齢期には様々な心身の機能が衰えるという喪失のイメージが強いが，この時期
の獲得にはどのようなものがあるだろうか。高齢になっての定年退職を例にとれ
ば，仕事を失うことは喪失ではあるが，一方では仕事上のストレスがなくなること
で，心の平安や自由な時間を得るという獲得の側面もあるであろう。

注 2）バルテス（1939-2006）
ドイツ出身でアメリカとドイツにおいて研究活動を行った発達心理学者。成人・高齢期の知能
の加齢変化の研究や，従来哲学領域での関心であった知恵を実証的な心理学の対象とした研究
などをもとに，独自の生涯発達心理学に関する理論を提唱した。

　また，長い時間軸で捉える生涯発達では，状態が変わるという変化だけではなく，獲得するものがなくても，状態を変えず失わずに継続するという停滞に価値がある場合もある（やまだ，1995）。

　このように，生涯発達心理学における時間の経過の中での変化は，獲得という上向きの方向の変化や，喪失という下向きの変化，あるいは停滞をも含むと考えることができる。

4 生物学的要因と環境的要因の相互作用

　発達は個人の生物学的要因と，個人を取り巻く環境的要因，及び両者の相互作用を基盤とする。生物学的要因とはヒトが進化の過程で獲得してきた遺伝子に予め組み込まれたプログラムであり，それが時間の経過により表れてくる。多少の個人差はあるものの，平均的な養育を受けているヒトの子どもは1歳前後には歩き始め，言葉を話し始めるのはその一つの例である。環境的要因としては，養育者，友人，教師などの個人が関わる他者や，文化，社会の価値観，流行，経済状況などが挙げられる。

　個人を取り巻く環境についてブロンフェンブレナー（1996）は，人が直接的あるいは間接的にかかわる社会的文脈について，生態学的システム理論の中で環境を4層の入れ子構造とみなし，個人はそれぞれの相互作用の中で発達していくと考えた（図1-2）。図の中央の個人を子どもとした場合，最も内側のミクロシステムは，子どもが直接的に関わる家庭，学校，幼稚園，地域などであり，その外側に，それらが相互に作用関係を持つことを表すメゾシステムがある。エクソシステムは，子どもが直接的に関わることはないが間接的に影響を受けるもの，たとえば親の職場，地域の行政組織などが該当する。最も外側のマクロシステムは社会に存在する価値観，信念体系，思想などである。

　生物学的要因と環境的要因との相互作用について，子どもの個性がどのように形づくられるのかを例に挙げる。子どもの個性は家庭だけで形づくられるのではないが，仮に親と子どもとの関係に焦点を当てると，子どもの個性は，親の子どもへの関わり方や親の個性という環境的要因から影響を受けるであろう。それと同時に，子どもの生まれ持った気質（→第2章）という，人生早期から見られる行動特徴（生物学的要因）が，親の養育態度に影響を与えることも想定される。つまり，子どもの生物学的要因と環境的要因とが影響し合いながら，子どもの個性が形づくられていくといえる。さらに，生物学的要因と環境的要因との相互作用は，川の流れの比喩によっても説明できる。川の流れは地形によって制約され変形されるが，川

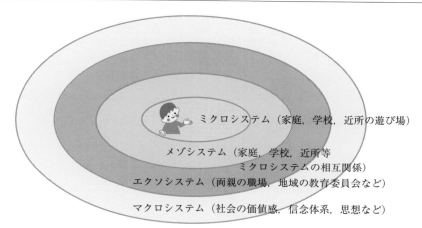

ミクロシステム（家庭，学校，近所の遊び場）

メゾシステム（家庭，学校，近所等
　　　　　　　ミクロシステムの相互関係）

エクソシステム（両親の職場，地域の教育委員会など）

マクロシステム（社会の価値感，信念体系，思想など）

図1-2　ブロンフェンブレナーの生態学的システム理論
（出所）ブロンフェンブレナー／磯貝・福富，1996 をもとに作成

自体もまわりの地形に浸食作用を与えることで地形を変形する。このように人の発
達も，川と地形の関係と同様に，生物学的要因と環境的要因が相互に影響を与え合
いながら展開していく（矢野，1995）。

5　発達段階と発達課題

　発達心理学では，生涯をいくつかのまとまった時期に分けることで，各時期の発
達の姿を捉える。たとえば，胎児期（受精から出生まで），乳児期（出生から1歳
6か月頃まで），幼児期（1歳6か月頃から6歳頃まで），児童期（6歳頃から12歳
頃まで），青年期（12歳頃から22歳頃まで），成人期（22歳頃から死まで）という
分け方である。これらの時期のはじまりでは，心の機能や行動特徴の大きな質的な
変化が生じる。質的な変化とは，身長の伸びや体重の増加，語彙数の増加などのよ
うな量的な変化としては捉えられないものである。たとえば幼児期のはじまりで
は，歩き始めや言葉を話し始めるという，乳児期からの不連続な変化がみられる。
このような質的変化という観点からの区分を発達段階といい，様々な研究者が各自
の理論に基づいて想定した。

　その中の一人であり，生涯発達心理学においても重要な研究者として，エリクソ
ン（Erikson, E.H）[注3]を挙げることができる。彼は，人の生涯を乳児期から成人後
期までの8つの発達段階に分け，各段階には，自分が生きる社会から課せられる発

表1-1　エリクソンによる発達段階における課題と危機

段階	相当する時期	心理社会的課題と危機	重要な関係を結ぶ範囲
I	乳児期	基本的信頼 対 基本的不信	母親的な人物
II	幼児前期	自律 対 恥，疑惑	両親的な人物
III	幼児後期	自主性 対 罪の意識	基礎家族
IV	児童期	勤勉 対 劣等感	近隣，学校
V	青年期	アイデンティティ統合 対 アイデンティティ拡散	同年代の集団，他者集団，リーダーシップのモデル
VI	成人初期	親密と連帯 対 孤独	友情関係，セックス，競争，協働のパートナーたち
VII	成人中期	世代性 対 停滞	労働における分業と家庭内における分担
VIII	成人後期	統合 対 絶望	人類，私の種族

(出所)エリクソン，2011(Erikson, 1959)を一部改変

達課題があると想定した（表1-1）。人はその過程を常に順調に進むことができるのではなく，葛藤を抱え，課題を充分に達成できない場合もあることを危機と表現した。育ちの過程で，養育者，友達，教師などの個人にとって重要な他者との関わ

注3）**エリクソン**(1902-94)
精神分析学の創始者フロイトの娘であるアンナ・フロイトから教育分析を受け，その後アメリカで精神分析家や大学教員として活躍した。フロイトの，性的エネルギーが向けられる身体部位に着目した心理性的発達理論の影響を受けながらも，社会・歴史的視点を重視する心理社会的発達理論を提唱した。代表的な著作に「幼児期と社会」「アイデンティティとライフサイクル」などがある。

りや，社会や歴史の影響を受けながら，発達課題と危機の間を揺れ動き，次の発達
段階へと進むことで，人は生涯にわたり心理的成長をするとエリクソンは考えたの
である。エリクソンは，社会や歴史などの影響も重視したことから，彼の理論は心
理社会的発達理論とよばれる。

6 ヒトに固有な心の機能

　ヒトの脳の容量は，最も近い種であるチンパンジーの約3倍と，大型類人猿の中
でも特に大きい。このように脳が発達したことで，ヒトは他の動物にはない固有の
心の機能や行動特徴を持つ。

　その代表的なものとして言葉が挙げられる。ヒトはどの国のどの民族でも言葉を
話す。チョムスキーは，言葉はヒトに生得的に備わった能力であり，文法や音韻は
異なっていてもヒトが言葉を話すのは，言語獲得装置が組み込まれているためとし
た。言葉を使うことで，他者とのコミュニケーションを行うことができると同時
に，自己内対話によって自分を客観的に見つめ，反省的に自己を捉えるという自己
意識を持つ。

　また，ヒトは文化を他者や前の世代から受け取り，さらに次の世代に受け継いで
いくことが可能である。他者を観察，模倣し，他者から教えてもらうことによっ
て，すべてを最初から自分で学習する必要はなく，知識や技術を増やすことができ
る。他者から学んだ知識や技術を，今度は自分達がより改良させて文化として次の
世代に伝えることができる。

　さらに，他者と協力し合うことができるという特徴を持つ。私達ヒトは様々な他
者と関係を持ち，関わりながら生活をしている。人々が他者と円滑に関わりながら
暮らす上で，複雑な感情も必要となる。また，他者の意図や感情を読み取り理解す
ることで，共感や同情をし，時には見知らない人同士が助け合う。

　言葉や文化，他者との協力という，他の動物にはない固有の心の機能や行動特徴
を持つことによって，私達ヒトは複雑で文化的に豊かな社会を作り上げてきたので
ある。

①講義内容をふまえて，生涯発達心理学が提唱されるように
なった理由や，その研究対象となる発達段階についてまと
める。
②生涯発達心理学における「発達」に含まれる獲得と喪失の
意味について，人の生涯の中で起こり得る具体的な出来事
を例に挙げてまとめる。

参考文献

Baltes, P.B.（1987）Theoretical propositions of life-span developmental psychology : On the dynamics between growth and decline. *Developmental Psychology*, 23, 611–626.

ブロンフェンブレナー, U./磯貝芳郎・福富護訳（1996）「人間発達の生態学—発達心理学への挑戦」．川島書店

エリクソン, E.H/西平直・中島由恵訳（2011）「アイデンティティとライフサイクル」．誠信書房

藤永保（1992）　発達研究・発達観・モデルの変遷．東洋他編「発達心理学ハンドブック」．福村出版．pp.15–31

長谷川寿一（2000）　心の進化．長谷川寿一他著「はじめて出会う心理学」．有斐閣．pp.29–66

Pascalis, O., de Haan, M. & Nelson, C.A.（2002）Is face processing species-specific during the first year of life? *Science*, 296, 1321–1323.

やまだようこ（1995）　生涯発達をとらえるモデル．無藤隆他編「講座　生涯発達心理学1　生涯発達心理学とは何か」．金子書房．pp.57–92

矢野喜夫（1995）　発達概念の再検討．無藤隆他編「講座　生涯発達心理学1　生涯発達心理学とは何か」．金子書房．pp.37–56

第2章 個性をつくるもの ―遺伝と環境―

事前学習

・遺伝のしくみについて，本章，書籍やインターネットなど で調べておく。
・人の性格，言語能力，論理的推論能力の個人差に，遺伝と 環境はどの程度関わっているか考えてみる。

　私たちには，ヒトとして共有するさまざまな特徴があると同時に，一人ひとり異なる特徴，つまり個人差がある。それでは，どのようにして行動，性格，知能などにおける個人差は形作られるのだろうか。大きく分けると，遺伝によって親から子どもへ引き継がれたものと，周囲の環境から受ける影響とがある。この章では個性に遺伝と環境がどのように関わっているのかを見ていく。

1 個性のはじまり

　生まれて間もない新生児も泣き方，体の動かし方，注意の向け方などその特徴は様々である。このような，生まれて間もない時期から見られる行動特徴のことを気質といい，将来の個性あるいは性格の原型となるものである。

　気質はいくつかの特性に分けることができる。複数の研究者が気質の特性について検討してきたが，その中で共通する特性としては，新しいものに対する怖れやすさ，フラストレーション耐性，注意の集中性がある。新しいものへの怖れやすさは，新しい場所，モノ，人への怖れの表出の個人差である。二つ目のフラストレーション耐性は，やりたいことが中断されたり，嫌なことを我慢してやらなければならない場面などでの怒りや反抗の表出の個人差である。三つ目の注意の集中性は，一つの活動やモノなどに対する集中の程度の個人差である。

　トーマスとチェス（1981）は，ニューヨークにおいて乳幼児を対象にした調査を

1956年から開始し，成人になるまで追跡調査をするという縦断研究を行い，気質の9つの特性（活動水準，接近/回避，周期性，順応性，反応性の閾値，反応強度，気分，気の散りやすさ，注意の範囲と持続性）を見出した。また，それらの組み合わせによって3つのタイプに分類した。第1のタイプは「扱いやすい子ども（easy child）」で，睡眠や排泄などの生理的リズムが規則的で，周囲の状況変化への順応性が高く，気分が安定している。第2のタイプは「扱いにくい子ども（difficult child）」で，生理的リズムが不規則で，周囲の状況変化への順応性が低く，気分も変わりやすい。第3のタイプは「エンジンのかかりにくい子ども（slow-to-warm-up child）」で，行動の開始に時間がかかり，新しい状況にも慣れにくい。しかし，このような子どもの気質のタイプは固定的なものではなく，子どもの発達は気質と環境との相性によって異なるとし，両者の「適合のよさ」（goodness of fit）を重視した。

　彼らの研究の中で，年齢が上がった際にも乳児期の気質と連続性があるかどうかについては，特性によって連続性の程度が異なることや，幼児期までは乳児期の気質と関連があるものの，時間が経って成人になる頃には，関連が見られなくなる特性が多いということが示されている。

2 遺伝と環境

　個性に影響を与えるものは遺伝なのか，環境なのかという問いは，いわゆる「氏（nature）か育ち（nurture）か」問題として，心理学の歴史の中で古くから関心を持たれ，多くの研究者が論争を繰り広げてきた。遺伝とは，形質，つまり性格や好み，能力，身体の特徴などが親から子どもへと伝えられることである。環境とは，家庭，学校，地域社会などの直接的に接する人々や場所から，社会制度，流行，価値観などの間接的に影響を与える無形なものまで様々なものを含む（→第1章）。

　遺伝に近いものとして成熟を重視する研究者の一人としてゲゼル（Gesell, A）[注1]が挙げられる。彼は一卵性双生児の中の一人には，階段のぼりや積み木つみなどを訓練し，もう一人には訓練をしないという実験をした。1歳頃に6週間続けて階段のぼりの訓練をした子どもは，訓練が終わった時点では，訓練をしなかった子どもよりも階段のぼりのスピードが速かった。しかしその時点から当初訓練をしなかっ

注1）**ゲゼル**（1880-1961）
アメリカの児童心理学者，小児科医。乳児から青年までの行動発達に関する長期的研究や，独自の実験的観察や自然観察を通して，成熟優位説を提唱した。年齢ごとの子どもの詳細な行動特徴の記述は，最も古い発達検査として知られる。

た子どもに訓練を始めると，その子どもは2週間で，6週間の訓練を受けた子ども
の速さを追い越した。ゲゼルはこの結果から，訓練や学習は，身体や神経系の成熟
が整うというレディネスがあって初めてその効果を発揮するとした。

　もう一方の，環境を重視する考え方を代表するものに「タブラ・ラサ（白い板）」
という言葉がある。子どもの心は自在に書き込むことができる状態であり，あらゆ
ることは経験や学習によってできるようになるという意味である。行動主義者のワ
トソン（Watson, L.B.）[注2]が，自分に孤児を何人か与えてくれれば，学者にでも医
者にでも泥棒にでも育ててみせることができると言ったとされる話は，環境を重視
する立場の極端な例である。

3 遺伝と環境の複雑な相互作用

　このように遺伝か環境かのどちらかのみで，個性や能力が形成されるという考え
方は現代では否定されている。現実的に考えると，遺伝か環境かということはそれ
ほど単純に分けられるものではないはずである。音楽的な才能を持つ子どもの例で
いえば，音楽的才能に遺伝的要因が関わっているのであれば，親もまた音楽的な才
能があるであろう。親が音楽を好きであれば，親も常に楽器を演奏したり音楽を流
したりしているなど，音楽に囲まれた環境の中で育つことになる。さらに，学校で
もその子どもの音楽的才能が注目されて，音楽学校への進学を勧められることで，
音楽的な才能を伸ばす機会が多くなる。子ども自身が自分から音楽的な環境に引き付
けられて，音楽を学ぶことができる環境に入っていくこともあるであろう。このよ
うに個性の形成においては，遺伝的要因と環境的要因が相互に絡み合いながら，個
人の特徴に影響を及ぼしていくという，かなり複雑なプロセスが生じていると考え
られる（プロミン，1994）。

4 遺伝情報の発現メカニズム

　身体の基本単位は細胞であり，その細胞の中の細胞核に染色体がある。染色体の
数は生物によって異なり，ヒトでは22組の常染色体と1組の性染色体から構成さ
れる。染色体には二重螺旋構造を持つDNAがあり，そこにはタンパク質を作るた

注2）**ワトソン**（1878-1958）
アメリカの心理学者。心理学では，客観的観察が不可能な意志や内観ではなく，客観的観察が
可能な行動のみを扱うべきとした行動主義心理学の提唱者。

めの情報が書かれている。DNA上の遺伝情報がRNAに写し取られ，それを元にタンパク質が作られる。生殖細胞では減数分裂が起こり，受精によって父親由来の23本と母親由来の23本が対になり，23対46本の染色体となる。両親由来の対になった染色体上に，両親由来のそれぞれの遺伝子が配列されており，これを対立遺伝子とよぶ。

　私たちの性格，知能，行動特徴などの心理学的形質は，遺伝子に組み込まれた個人差情報（遺伝子型：ジェノタイプ）が，環境の影響を受けて発現している（表現型：フェノタイプ）と考えられる。ある形質には，複数の遺伝子が関与しており，さらにこれら複数の遺伝子と環境とが複雑な相互作用をし合うことで，その形質が発現する。たとえば，新生児からの行動特徴である「新しいものへの怖れやすさ」という気質特性も，複数の遺伝子という遺伝的要因と，胎内環境や出生時の条件という環境的要因の両方とが関与することで形成されると考えられる。

5 行動遺伝学から明らかにされたこと

　ヒトの心理学的特徴がどの程度遺伝的要因と環境的要因によって説明することができるかを，多くの人達を対象に統計学的に調べる手法が行動遺伝学である。その中で多く用いられる方法が双生児法である。双子の中の一卵性双生児は，受精した後に，二つに細胞が分かれ，それぞれが成長していくため，遺伝情報は100％同一である。それに対して二卵性双生児は，一度に複数の卵子が排卵され，それぞれ異なる精子と受精したものであるため，時期が同じというだけで，通常のきょうだいと同様に遺伝情報の類似性は50％となる。双生児法では，一卵性双生児と二卵性双生児の間のフェノタイプ上の類似性を比較し，ジェノタイプ上想定される100％と50％という類似性とどの程度ずれるかによって，当該のフェノタイプに及ぼす遺伝的要因と環境的要因の影響力を算出する。たとえば双生児のデータによってIQの一卵性双生児の類似性が0.73，二卵性双生児の類似性が0.46である場合，IQの類似性が遺伝的要因だけで説明できるのであれば，二卵性双生児の類似性は0.73の半分の0.36程度になるはずである。しかし，実際には0.46とやや大きいことは，遺伝的要因以外の環境的要因が影響していると考えられる（安藤，2016）。

　環境的要因は共有環境と非共有環境とに分けて考えることができる。共有環境とは，双子のきょうだいなどの家族の成員を類似させるように働く要因であり，たとえば同じ親であること，同じ家に住むこと，同じ学校に行くことなどが含まれる。一方の非共有環境は，家族の成員それぞれに独自の異なる働きを及ぼす要因である。きょうだいによって異なる親の関わりや，異なる教師や友達などが含まれる。

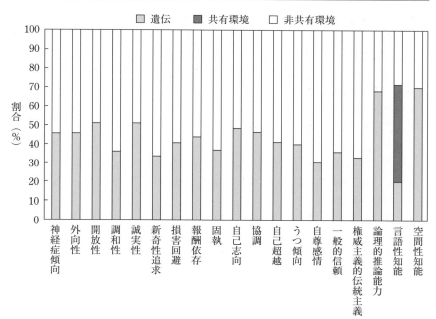

図2-1　心理的・行動的形質に寄与する遺伝と環境の影響
（出所）安藤，2011

　行動遺伝学によって示された結果からは，多くの心理的形質には遺伝と非共有環境の寄与率が大きく，言語性知能以外では共有環境の寄与率はほとんどないことがわかる（図2-1）。

6 個性を作るもの

　現代では双生児法を用いて，さまざまな心理的形質に対する遺伝と環境の影響について，次の3つの法則が導き出されている（Turkheimer, 2000）。
① 人間のすべての形質は，遺伝の影響を受ける。
② 共有環境（同じ家庭で育ったこと）の影響は，あったとしても相対的に小さい。
③ 個人差のうち，相当な部分が遺伝や共有環境以外の，非共有環境の影響から説明される。
　これらの法則はどのように解釈されるべきであろうか。共有環境よりも非共有環境の影響のほうが大きいということは，共有環境として挙げられている親の養育態

度などは個性の形成に関係がないことを意味するのだろうか。

　養育態度やしつけに関する信念などの養育要因は，子どもの特徴に応じてそれぞれに異なるものとして提供されているか，あるいは仮に同じものであったとしても子ども自身の受け取り方に違いがあり，結果としてそれぞれの子どもに異なる影響を及ぼしているという解釈ができる（菅原，2003）。つまり，親の養育態度やしつけの方略は，複数の子どもに対して同じような影響を与える共有環境として作用するのではなく，子どもそれぞれに異なる影響を与える非共有環境として作用していると考えられる。

　また，子どもは家庭だけで育つわけではなく，幼い頃から家庭以外の人や場所の影響を受ける。特に児童期以降になれば，子ども集団の活動の中での経験が個性の形成に影響を及ぼすことも増えていく。

　あらゆる心理学的形質は，遺伝という親から引き継いだものを土台としつつ，その遺伝に由来する特徴が環境に影響を及ぼし，さらに環境から遺伝的要因が影響を受けて発現するという，遺伝と環境が複雑にダイナミックに絡み合いながら形づくられていくといえる。

①気質の定義や，気質の代表的な特性について整理する。また，トーマスとチェスの気質と環境の「適合のよさ」（あるいは「適合の悪さ」）について，具体例を挙げて説明する。
②心理的形質に対する遺伝と環境の影響に関する3つの法則について説明し，その解釈をまとめる。

参考文献

安藤寿康（2011）「遺伝マインド―遺伝子が織り成す行動と文化―」．有斐閣
安藤寿康（2016）「日本人の9割が知らない遺伝の真実」．SBクリエイティブ
チェス，S・トーマス，A/林雅次監訳（1981）「子供の気質と心理的発達」．星和書店
藤永保（1982）「発達の心理学」．岩波新書
プロミン，R/安藤寿康・大木秀一訳（1994）「遺伝と環境―人間行動遺伝学入門―」．培風館
菅原ますみ（2003）「個性はどう育つか」．大修館書店
Turkheimer, E.（2000）　Three laws of behavior genetics and what they mean. *Current Directions in Psychological Science*, 9, pp.160-164.

第3章 生命の誕生

事前学習 受精から出産までの，胎児と妊婦の経過について，本章，書籍やインターネットで調べる。

近年の技術の進歩により，子宮内での胎児の動きや発達が詳細に明らかになってきた。たとえば超音波検査によって胎児の立体的な姿だけではなく，リアルタイムの動きまで見ることができるようになったため，妊婦やその家族も誕生前にはっきりとわが子の姿を見る機会を持てるようになった。一方では，出生前に胎児の発育異常を高い精度で診断することも可能となったことは，生命倫理の上での課題を生み出すことにもなった。

1 生命の始まり

女性はひと月に一度排卵する。卵巣から卵子が卵管の方に向かって出ていき，その時に精子と出会うことで受精する。受精卵は分裂しながら7日ほどかけて子宮内膜に届き，埋め込まれる（着床）。妊娠8週までの胎児は胎芽とよばれ，着床から妊娠8週までを胎芽期とよぶ。胎盤と胎芽は臍帯でつながっている。臍帯には2本の動脈と1本の静脈が通り，胎盤を通して母体から栄養や酸素が静脈で胎児に運ばれ，二酸化炭素や老廃物を胎児から母体側に向けて動脈で運び排出する。子宮内は，胎児の運動を助ける，外圧から守る，子宮内の温度を一定に保つなどの働きを持つ羊水に満たされている。

妊娠週数の数え方を図3-1で示す。排卵は月経の約2週間後に起こるため，最終月経の開始日から2週間後に排卵があり，その時に受精したと推定する。つまり妊娠週数の起点は最終月経の開始日となり，まだ受精していない2週間分が，実際に胎芽が出来た時点とずれることになる。妊娠期間は大きくは，初期（0週〜15

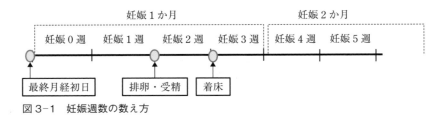

図3-1　妊娠週数の数え方

週)，中期（16週～27週)，後期（28週～39週）の3期に分けられる。

2 胎児の成長と母体の変化

　初期の8週間はまだ胎芽とよばれるが，この頃には顔や目，耳，手足ができ，体全体を動かすようになる。また，脳や心臓という重要な臓器も作られ始めるため，妊娠初期は特に重要な時期といえる。妊婦にはつわりが起こり，その程度には個人差があるものの，吐き気，むかつき，頭痛，食べ物の嗜好の変化などが生じる場合が多い。腹部の膨らみなどはまだ目立たないため，外見だけからは妊娠はわかりにくいが，流産[注1]も起きやすい時期でもあり，周囲の人たちの配慮が特に重要である。

　中期になると妊婦のつわりが治まり食欲も出てくる。胎児の身体も大きくなり，全身を活発に動かすようになる。胎児の運動を胎動とよぶ。初期の頃から胎児は動いているが，胎児が小さいためにまだ妊婦は感じることはない。16週頃以降になると妊婦自身が胎動を感じ始めるようになる。

　この時期に胎児は五感も発達させていく。五感の中で最も早く発達する触覚は，手を口に入れたり，顔や体や子宮の壁を触ったりすることで機能していることがわかる。味覚については，羊水に味をつける実験で，甘い味にすると飲む量が増え，苦い味をつけると飲まずに表情をしかめることが示されているため，味覚も20週頃には発達していることがわかっている。聴覚についても，20週頃から母親の心臓の鼓動や血液が流れる音や声が聞えている。24週頃に聴覚機能が完成する頃には，外界のさまざまな音が胎児の耳にも届く。五感の中で視力は最も遅く発達する。目の基本的な構造は妊娠16週頃にできているが，まだまぶたは閉じられてい

注1）流産とは，胎児の胎外での生存が不可能な妊娠22週よりも前に胎児が娩出され，妊娠が終了すること。妊娠12週未満の早期流産と妊娠12週以降の後期流産に分類される。早期流産の頻度は12～15%であり，女性の加齢に伴い上昇する。また，その原因の50～70%は胎児の染色体異常である。

る。妊娠 24 週頃にまぶたが開き，目で光を感じ始める。視覚は出生後に視覚刺激に接する経験を重ねながら発達させていく。

　後期になると，胎児の体は大きくなり，皮下脂肪もつき全体的に丸みを帯びてくる。体が大きくなるため次第に子宮内を自由に動くことが難しくなり，出産が近くなると胎動の回数は減少し，頭を下にする姿勢に落ち着いていく。妊婦は腹部の重みで動悸，息切れや胃もたれなどを感じやすくなる。

３ 胎動の役割

　胎動は胎児の健康状態を知る大事な指標となる。胎児の発育のトラブルが胎動の変化として現れる場合が多い。それと同時に，出生後に外界に適応できるための準備としての役割もある。

　胎内では酸素や二酸化炭素は血液で運ばれるため肺呼吸の必要はないが，出生後に備えて，胎児は胸を膨らましたりへこましたりすることで肺呼吸の練習をしている（呼吸様運動）。指を吸う吸啜運動や，羊水を飲み込む嚥下運動は，出生後すぐに母乳を飲むために必要な動作の練習と考えられている。手で口や自分の身体を触ることや，子宮壁や臍帯を触るということは，自分と自分以外のものを区別する上で機能している。子宮壁を這うような動きや歩くような動作も行う。出生後に見られる歩行反射との関連が想定されるが，出生後まもなくすると消え，生後 1 年後ごろに自分の意図で行う動作として現れる。胎内で出ていた運動が，生まれて間もなくすると消えて，再び出現することを発達のＵ字現象という。このように胎児のさまざまな動きは，出生後に外界の環境の中で生きていくための準備としてプログラムされているものといえる。

　また，胎動は母親にとって出産前から子どもとの心理的なつながりを形成する上で重要な役割を持つ。妊婦は，胎動を感じ始めの頃は人間以外のものに喩えることが多いが，妊娠 30 週前後からは胎児が「喜んでいる」など内的状態として述べたり，胎児の性格に言及したり，母親や他の人に反応していると述べたりするようになる（岡本ほか，2003）。つまり胎動を通して，母親が胎児を自分とは独立した一人の存在として認識するようになり，わが子を迎える心の準備をしているのである。

４ 胎児にとっての環境

　胎児は，発育に必要なものすべてを母体から血液で運ぶことで取り入れている。

したがって母親が外から取り入れるものの影響を受けることになる。胎児の発育に悪い影響を及ぼすものを総称してテラトゲンとよぶ。たとえば，ウイルス感染，薬物，放射線，公害などの化学物質，アルコール，ニコチンの摂取が挙げられる。特に臓器や器官ができ始める胎芽期はこれらの影響を受けやすい。

　薬物については，日本において1960年代にサリドマイドという薬を妊婦がつわりを軽減するために服用し，胎児に手足の形成障害を生み，大きな社会問題となった。また，母親の過剰なアルコールの摂取は，胎児の身体発育の遅れ，顔面の形成障害や，中枢神経の障害を引き起こしやすい。妊娠中の喫煙は母親の体内の血流量を減少させるため，低出生体重児となる可能性が高くなる。また，母親が妊娠中に過度な心理的ストレスを持つことも胎児の成長に悪い影響を与える。

5 小さく早く生まれること

　妊娠39週を中心にして，37週から42週の間での出産は正期産といい，いつ生まれても問題はない時期である。妊娠39週で出産された子どもは平均体重3,000グラム，身長50センチ程度である。出生体重が2,500グラム未満の場合に低出生体重児，さらに小さい1,500グラム未満の場合に極低出生体重児とよばれる。在胎週数を基準にすると22週未満では流産となり，22週から37週までが早産，42週を超える場合には過期産とよばれる。

　近年出産数は減少しているにもかかわらず，低出生体重児の出生数は全出産数の10%前後とその数は減っていない。その理由としては，女性の痩せ傾向による母体の栄養不足，高齢出産や多胎児の増加が挙げられている。

　新生児医療の進歩によって小さく生まれても新生児集中治療室（NICU）で，保温器や人工呼吸器などの機器で身体の状態をモニターしながら育てることが可能となっている。脳性麻痺などの重度の障害の発生率は高くはないものの，幼児期以降に運動機能の不器用さ，学業不振，発達障害の出現率が高いことが指摘されている（万代，2016）。低出生体重児の母親となった女性は，小さく生んでしまったことの罪悪感や育てることへの不安感を抱きやすい。また，出産後すぐに子どもはNICUに入るため，授乳などの世話を通した触れ合いが少ない。そのため母子の心理的つながりの形成が難しくなりがちである。低出生体重児の場合には子どもの発育に関するフォローアップだけではなく，母親の育児感情を促進するための心理的支援も重要となる。

6 出生前診断とは

　出生前診断とは，胎児の疾患や先天異常の有無の診断をし，その結果によって，妊娠を続けるかどうかの判断の情報を得るものとされる（坂井，2013）。検査方法には，確定診断（羊水検査，絨毛検査）と非確定的診断（超音波検査，母体血清マーカー検査）とがある[注2]。超音波検査では，胎児の発育状態や器官の形態異常の有無などの確認をする。妊婦の年齢が高くなるほど，染色体異常を発生する確率が高くなるため，35歳以上の妊婦では妊娠15週頃に血清マーカー検査を行う場合もある。陽性の確率が高ければ羊水検査によって確定診断を行う必要がある

　日本では2013年4月から新型出生前診断が臨床試験として開始された。これは妊婦の血液中に含まれる胎児のDNAを解析することで，ダウン症候群[注3]など3種類の染色体異常を，妊娠10週頃という早い時期に，高い精度で診断するものである。しかしこの検査も非確定的診断であるため，陽性の場合には羊水検査によって確定診断を行う必要がある。

　現在この新型出生前診断を行うことができるのは，出生前診断の経験が豊富な常勤の産婦人科医・小児科医がおり，遺伝カウンセリングの体制が整っていると認定された病院のみであるため，その数は限定されている。しかし高齢出産が増加していることを背景に，今後この検査へのニーズは高くなっていくと予想される。本来，出生前診断の目的は，妊娠中に胎児の何らかの異常を発見することによって，医学的な治療を行ったり，分娩方法の決定に役立てたりすることにある（坂井，2013）。しかし，この検査を受けた人の中で結果が陽性の場合に9割以上が人工妊娠中絶[注4]を選択した現実も示されている（朝日新聞，2016）。

　陽性結果が出た時にどのように判断をするのか，障害を持った子どもがどのような経過で育っていくのかなどの情報を充分に得ることができないままに，妊婦やそ

注2）それぞれの検査は実施可能な時期や，結果が出るまでの期間が異なる。実施可能な時期については絨毛検査は妊娠10〜14週，羊水検査は妊娠15週以降，母体血清マーカーは妊娠15〜21週である。結果が出るまでの期間については，絨毛検査は2〜3週間，羊水検査は2〜4週間，母体血清マーカーは7〜10日である。

注3）ダウン症候群とは，22組の常染色体の中の21番目の常染色体が3本あることによって発症する先天性疾患であることから，21トリソミーともよばれる。知的発達の遅れ，特徴的な顔貌，低身長，筋緊張の弱さなどが見られ，先天性心臓疾患，消化器疾患，甲状腺機能の低下，眼科的問題，てんかんなどを伴うこともある。

注4）日本では胎児の異常を理由とした人工妊娠中絶は法的に認められておらず，母体保護法の，妊娠の継続が母体の健康を著しく害する恐れがある場合には中絶を行うことができる，という条項のもとに中絶が容認されている。

の家族は短期間で決断を迫られることになる。現在では受精卵自体を選んで着床されることも技術的に可能であるように，妊娠，出産段階での命の選択は広がっている。妊娠や出産を巡る問題を，それぞれの人が命や障害をどのように捉えるのかという倫理感や価値観に向き合い考えていく必要がある。

①胎動の役割について，医学的視点，胎児の視点，妊婦の視点からまとめる。
②出生前診断の利点と問題点について，自分の考えをまとめる。

参考文献

朝日新聞（2016）　朝日新聞朝刊（2016 年 7 月 17 日）記事

小西行郎（2007）　「もっと知りたい，おなかの赤ちゃんのこと」．赤ちゃんとママ社

万代ツルエ（2016）　小さく生まれてきた赤ちゃんの育ち．永田雅子編著「妊娠・出産・子育てをめぐるこころのケア」．ミネルヴァ書房．pp.136-143.

岡本依子・菅野幸恵・根ケ山光一（2003）　胎動に対する語りにみられる妊娠期の主観的な母子関係―胎動日記における胎児への意味づけ．発達心理学研究．14，64-76.

齋藤正博（2013）　異常妊娠，初期流産．馬場一憲編「目でみる妊娠と出産」．文光堂．pp.54-55

坂上裕子（2014）　生命の芽生えから誕生まで．坂上裕子・山口智子・林創・中間玲子著「問いからはじめる発達心理学―生涯にわたる育ちの科学―」．有斐閣．pp.28-41

坂井律子（2013）　「いのちを選ぶ社会」．NHK 出版

第4章 乳児の世界との出会い

事前学習

乳児の運動機能の発達において指標となる行動や，それらが可能となる月齢について，書籍やインターネットなどで調べてまとめる。

　ヒトの発達は，身体の成育や運動機能の側面，知覚（周囲からの刺激を取り入れる）や認知（思考，学習，記憶など）の側面，他者との関係に関わる側面とが密接に関連しながら進んでいく。この章では，出生から約1年半頃までの乳児期の身体・運動的側面と知覚・認知的側面とが，どのように関連しながら発達していくのかという点を中心に取り上げる。

　ヒトの乳児は，生理的・身体的に未熟な状態で生まれるため，「タブラ・ラサ」（白板）という言葉や，infant（乳児）の「言葉を話さないもの」という語義に象徴されるように，従来から無力な存在とみなされてきた。しかし，近年では生理的状態や脳神経系の活動状態を測定する技術や実験的方法の進展によって，乳児は今まで考えられていたよりも有能であることが明らかにされている。

1 乳児の運動機能の発達

　生まれて数か月の乳児に特徴的な運動には，反射（新生児反射）がある。これは自分の意図とは関係なく無意識的に起こるものである。モロー反射（大きな音などに驚いた時に，両腕を伸ばして広げ，ゆっくりと抱え込むようにする）や，バビンスキー反射（足の裏をこすると，足の指を扇のように開く）などがある。中には乳児が外界で生き残る確率が高くなるように機能するものもある。たとえば，吸啜反射（口に入ったものを吸う）や探索反射（頬に触れると，口を向け頭を刺激の方に向ける）によって，生後間もない時から母親の乳首をくわえて母乳という命の源を

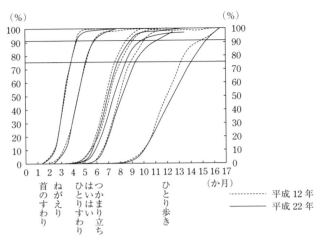

図4-1　一般調査による乳幼児の運動機能通過率
(出所)厚生労働省，2010

得ることができる。これらの反射は生後数か月で消えて，乳児が意図した行動へと移行していく。

　生後1か月以内の新生児期以降の粗大運動の発達について，厚生労働省が10年ごとに実施している乳幼児身体発育調査（厚生労働省，2010）の中で，90％の乳児に，その指標となる行動が現れる時期が記載されている（図4-1）。首の据わり（生後4〜5か月），寝返り（生後6〜7か月），ひとり座り（生後9〜10か月），はいはい（生後9〜10か月），つかまり立ち（生後11〜12か月），一人歩き（1歳3か月〜4か月）へという順番に沿って進んでいくが，乳児によって始まる時期には幅があり，中にははいはいをせずに歩き始める乳児もいるなど，個人差も大きい。しかし，その順番の方向については共通した法則がある。それは頭部，首，背中，脚へという方向，さらには身体の中心部分から手先や足先などの末梢部分を使う微細運動の発達へという方向である。

　手指を使う微細運動は，乳児にとっては外界に働きかける際の窓口となる。したがって，手指はいわゆる「突き出た大脳」とも言われる。新生児の頃の手はほとんど閉じられているが，生後2か月を過ぎると開いていく。その頃は，他者から渡されたものを握るという反射による動作であるが，次第に自分の意志で握るようになる。生後4，5か月頃はまだ指先はうまく使えずに，手のひら全体で包み込むような手掌把握ではあるが，目と手の協応が可能となるため，目の前にあるものに手を

伸ばすリーチングが見られるようになる。生後6か月を超える頃には、寝返りやはいはいによって以前よりも自由に身体を動かせるようになり、生後8か月頃になると、座ることで手が自由になる。この頃には、親指と人差し指を向かい合わせて物を上手につかめるようになるため、これは何だろうという好奇心で周囲の物を探索することが増え、「探る手」となる。1歳前後には、周囲の人の様子を見ながら、物を道具として扱うことを覚え、物を手で操作するという「使う手」となっていく（加藤、2009）。

2 乳児期の視覚

　乳児は周囲からの刺激をどのように取り込んでいるのだろうか。五感の中の視覚を取り上げる。生まれて間もない乳児の視力は0.02程度であり、焦点調節がうまくいかないため、ぼんやりとしか周囲は見えていないはずである。しかし、このように弱い視力ではあっても、乳児は単純なものよりも複雑な刺激や、新しい刺激に対してより多く視線を向ける傾向がある。

　このような乳児の視覚の特徴をもとに、視線の動きを測定するという実験的手法によって乳児の外界の理解を調べることができる。一つは選好注視法とよばれるもので、異なる2つの刺激を並べて提示した際に、乳児がどちらかをより長く注視していれば、その乳児は2つの刺激を区別しているとされる。また、馴化・脱馴化法は、同じ刺激を見続けると乳児は飽きて注視しなくなるが、その後に新しい刺激を提示した時に、注視が回復するかに着目する方法である。期待背反（違反）法は、起こりうる事象と、起こりえない事象とを提示した際に、起こりえない事象をより長く注視するかどうかに着目することによって、乳児の外界の理解を調べる方法である。

　また、乳児は奥行き知覚に関しても早い時期から発達させることが、視覚的断崖という、深さのある溝の上に透明なガラス板を渡した装置（図4-2）を使用した実験によって示されている。生後6か月頃の乳児は、深い側のほうから母親が呼びかけると、断崖の手前で躊躇したり、泣いたりするなど怖れを示す。つまり、奥行きがあることを理解しているのである。このような反応は、乳児がはいはいなどの移動能力によって、段差などで身体のバランスを崩すなどの経験が増えたこととも関連があると考えられる。

　さらに、乳児は物理的な対象物だけではなく、人の顔という社会的な刺激を好み、関心を向ける傾向がある。ファンツ（Fantz, 1963）は図4-3に示すような6つの刺激をランダムに2つずつ組合せた選好注視法によって、発達早期から人の顔

図4-2　視覚的断崖実験の装置
（出所）Gibson, E. & Walk, R.D., The visual chiff. *Scientific American*, 1960 を
　　　もとに作成

年　齢 刺　激	N	顔	同心円	新聞紙	白	黄	赤	P
48 時間以下	8	29.5%	23.5	13.1	12.3	11.5	10.1	.005
2～5 日	10	29.5	24.3	17.5	9.9	12.1	6.7	.001
2～6 か月	25	34.3	18.4	19.9	8.9	8.2	10.1	.001

図4-3　6種の刺激対象に対する凝視持続時間の割合の平均
（出所）Fantz, 1963

の刺激を最も長く注視することを明らかにした。

3 ピアジェの発達段階理論

　子どもの認知的な発達について，重要な理論を作ったのがピアジェ（Piaget,
J）[注1]である。人はそれまでの経験によって作った認識や行動の枠組みを持ってお

注 1）**ピアジェ**（1896-1980）
スイス出身の心理学者。様々な実験課題や観察によって子どもの認知発達を中心に，言語，論
理性，道徳性，遊びなどの発達についての重要な理論を提唱し，後の発達心理学研究に多くの
影響を与えた。

り，それをピアジェはシェマとした。また，新しい刺激や情報に接した際に，それらの取り入れ方には同化と調節の二つがあるとした。同化とは，新しい刺激や情報をシェマにもとづいて取り入れることであり，調節とは，すでにあるシェマでは当てはまらない場合に，シェマを変えることで取り入れることである。たとえば，乳児が柔らかい食べ物を与えられている時期には，「口に入れていいものは，柔らかい」というシェマを持っていたとする。新しい食材ではあるが，柔らかい食べ物を与えられれば，それは既存のシェマに合っているのですぐに取り入れる（同化）。しかし，硬い触感の食べ物を与えられると，最初は既存のシェマに合わないため，受け付けないだろう。しかし，何度か口にしているうちに，シェマを「口に入れていいものには，硬いものがある」というように変えることによって食べることができる（調節）。同化と調節を繰り返すことで，認知的な能力を広げ安定化していくプロセスは均衡化とされる。

　ピアジェは子どもの認知能力について，感覚運動期（誕生〜2歳頃），前操作期（2〜7歳頃），具体的操作期（7〜11歳頃），形式的操作期（11〜15歳頃）という発達段階を提唱した。ここでの操作とは，実際の物を使うという行為を行うことなく，頭の中だけで論理的に思考するという意味である。この章では，乳児期から幼児期初期に該当する感覚運動期についてみていく。

　誕生から2年ほどの間は，見る，触るという感覚を使うことで外界の刺激を取り入れ，動く，手を伸ばすなどの運動によって周囲の世界に働きかけながら，認知を広げていく時期であるため，感覚運動期とされる。この時期はさらに6段階に分けられている（表4-1）。この中の4つの段階に含まれる循環反応とは，乳児が興味を持ったことを繰り返す行動を指す。

　第一段階（誕生〜生後1か月）は新生児反射によって外界を取り入れる時期である。第二段階（生後1〜4か月）になると，口に手や指を入れたり，手を伸ばしてそれをじっと見つめたりする（ハンドリガード）など，自分の身体を使った感覚運動を繰り返し行う（第一次循環反応）。次の第三段階（生後4〜8か月）には，自分の行動によって外界に生じた興味ある結果を繰り返すようになる（第二次循環反応）。この時期には寝返りや座ることができるようになるという運動発達によって視野が変わり，見えるものも変化する。さらに第四段階（生後8〜12か月）になると，自分の行為についての手段と目的とを区別することができ，そこから意図性がより明確となる。この頃には，わざとスプーンを落として母親に拾わせるような行動も増えていく。次の第五段階（生後12〜18か月）では，外界に対して様々な手段を用いて目的を達成するようになる（第三次循環反応）。第六段階（生後18〜24か月）では，表象機能によって，目の前にない事柄や人をイメージすることが

表4-1　感覚運動期の認知発達と運動発達との関連

	月齢	認知発達	運動発達
第一段階	誕生〜生後1か月	反射的な活動を行使し外界を取り入れる。	反射による運動。
第二段階	生後1〜4か月	第一次循環反応：自分の身体に限定された感覚運動を繰り返す。	手を伸ばして自分の手を見つめる（ハンドリガード）。手や指を口に入れる。
第三段階	生後4〜8か月	第二次循環反応：第一次循環反応の中に物を取り入れる。	寝返りによる視野の変化。座ることで手が自由に使える。見た物をつかむ（リーチング）。
第四段階	生後8〜12か月	第二次循環反応の協応：自分の行動の結果としての環境の変化を意図的に起こす。	はいはい，つかまり立ちによって行動範囲が広がる（探索行動の増加）。
第五段階	生後12〜18か月	第三次循環反応：外界の事物に働きかけ，試行錯誤的に外界に変化をもたらす。	ひとり歩きの上達，粗大運動や微細運動の発達により，さらに探索行動が増える。
第六段階	生後18〜24か月	真の心的表象の始まり。	

できる（図4-4）。

4 対象の永続性の理解

　感覚運動期の後半に，頭の中に対象物や人のイメージを保つという表象の発達によって，対象物が見えなくなっても存在し続けるという対象の永続性を理解するようになる。生後5か月の乳児は，それまで遊んでいたおもちゃが布で隠されても，布を取り除いて探そうとはしないが，生後10か月以降の乳児は，布を取り除いておもちゃを獲得することができる。「いないいないばあ」遊びは，乳児が大好きなやり取り遊びであるが，その楽しみ方は，対象の永続性の理解の仕方によって異なる。まだ対象の永続性を理解していない月齢では，顔が見えなくなり，いなくなったと思った母親の顔が再び出てくることを喜ぶのに対して，対象の永続性を理解するようになると，そこに母親がいることを理解した上で，乳児自ら布を取り除き再び母親の顔が出てくることを喜ぶ。

　ピアジェは，乳児の認知発達の上で表象の出現を重視し，乳児の観察をもとに対

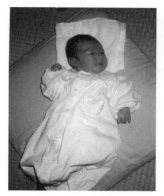

①生後1か月：左右非対称の姿勢

②生後4か月：首がすわり，うつ伏せで
　　　　　　　顔を上げることができる

③生後8か月：安定したひとり座り

④生後9か月：つかまり立ち

⑤満1歳：ひとりで立つ

⑥1歳6か月：モノを使った探索

図4-4　感覚運動期の認知発達と運動発達をとらえた写真

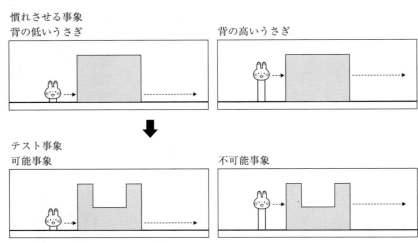

慣れさせる事象
背の低いうさぎ　　　　　　　　　　　背の高いうさぎ

テスト事象
可能事象　　　　　　　　　　　　　　不可能事象

図4-5　乳児への対象の永続性の実験
（出所）Baillargeon & Graber, 1987

象の永続性を1歳前後から理解し始めるとした。しかしその後，他の研究者たちの期待背反法を用いた実験によって，さらに早い時期から対象の永続性を理解していることが示された。たとえば，ベイラージョンら（Baillargeon & Graber, 1987）の実験（図4-5）では，背の低いうさぎと背の高いうさぎが，それぞれ移動して衝立の後ろに隠れて反対側に出てくる場面を何度か見せる。その後で，背の高いうさぎが通ると上部が見えるように衝立の上部を切り取って，両方のうさぎを通らせた。背の高いうさぎが通っても上部が見えないような仕掛けをして見せると，4，5か月の乳児も，起こりえない背の高いうさぎの場面のほうを長く見た。つまり，この月齢の乳児は対象の永続性を理解しているため，本来は衝立の後ろに隠れても背の高いうさぎの上部は見えるはずであるのに，見えないことに驚いて長く見たと考えることができる。

5　能動的な乳児

　ベイラージョンらが示した実験結果は，ピアジェの1歳前後になってはじめて対象の永続性を理解できるとした主張とは食い違うものである。それは，ピアジェの場合には，手を伸ばして布を取り除くという動作を伴う課題であり，4，5か月の乳児にはまだそれは困難なためと解釈される。

　他にも期待背反法を用いた実験によって，発達初期の乳児でも，物体が落ちないためには支えが必要であるという物理的概念（Needham & Baillargeon, 1993）や，簡単な足し算と引き算を理解できる（Wynn, 1992）ことが示されている。

　これらの結果は，従来考えられていた「無力な乳児」観を覆し，「有能な乳児」であることを立証するものとして注目されている。しかし，日常場面での乳児の行動と，期待背反法などの実験によって示される乳児の能力との間には，実際にはギャップがある。乳児の発達初期からの視線の動きによって示される反応と，その後の行動や言葉で示される反応とが同じものであるかについては，明らかでないことも多く残されている（実藤，2012）。

　乳児の発達を理解する上で重要なことは，何か月で何が可能になるかということ以上に，乳児自らが，感覚器官，身体，手指を充分に使うことで，能動的に身の周りの世界に働きかけることを通して，世界を知っていくという点である。子育てや保育に関わる大人には，日常生活の中で，乳児期の発達を保証するための環境を用意することが求められる。

①ピアジェが，乳児期の認知発達を「感覚運動期」とした，その理由について述べる。
②ピアジェのシェマ，同化，調節の概念について，具体例を挙げて説明する。

参考文献

Baillargeon, R. & Graber, M.（1987）Where's the rabbit? 5.5-month-old infants' representation of the height of a hidden object. *Cognitive Development*, 2, 375–392.

Fantz, R.L.（1963）Pattern vision in newborn infants. *Science*, 140, 296–297.

Gibson, E.J. & Walk, R.D.（1960）The "visual cliff". *Scientific American*, 202, 67–71.

加藤繁美（2009）　子どもの手指は「突き出た大脳」．今井和子監修『0歳児の育ち事典』，小学館，pp40–50

厚生労働省（2010）　平成22年「乳幼児身体発育調査」調査結果の概要．http://www.mhlw.go.jp/toukei/list/dl/73-22-01.pdf

Needham, A. & Baillargeon, R.（1993）Intuitions about support in 4,5-month-old infants. *Cognition*, 47, 121–148.

ピアジェ, J./谷村覚・浜田寿美男訳（1978）「知能の誕生」. ミネルヴァ書房

実藤和佳子（2012）　赤ちゃんが見ている「モノ」の世界. 小西行郎・遠藤利彦編「赤ちゃん学を学ぶ人のために」. 世界思想社. pp58-73

Wynn, K.（1992）Addition and subtraction by human infants. *Nature*, 358, 749-750.

第5章 他者との関係の発達

事前
学習

本章のテーマである「アタッチメント」は日本語では「愛着」
と訳されることが多い。「愛着」と類似した日本語を挙げ，そ
れぞれの意味についてまとめた上で，相互の類似点や相違点
を考える。

1 発達初期の養育者と子どもとのやり取り

　ヒトの新生児は，栄養摂取や体温調節など生命を維持する上で必要な力が未熟な
状態のため，大人から世話や保護をしてもらわなければならない。ヒトの体は直立
歩行によって内臓を支える必要から骨盤が狭く変形し，胎児が生育しすぎると出産
が困難になる。そのため進化の過程で，ヒトは胎児の身体・運動機能が未熟な段階
で生むという生理的早産と呼ばれる状態を選択したとされる。

　このような生きる上で必要な力の未熟さを補うように，ヒトの乳児には大人の養
育行動や養育要求を引き出す生物学的な仕組みが備わっている。

　乳児は頭が大きく，頬が前に出ており，腕や脚などは柔らかく丸みを帯びている
という身体的な特徴を持っている。動物行動学者のローレンツ（2005）は，ヒトを
はじめとする動物の幼体が持つこのような身体的な特徴を幼児図式（ベビースキー
マ）と名付け，大人の警戒心を弱め，攻撃行動を抑制し，養護的な行動を引き出す
働きがあるとした。

　さらに乳児は誕生間もない時から人の顔や声に選択的な関心を示す。例えば誕生
の数時間後であっても，大人が舌を出すと乳児も同様の動作や表情をするなど，他
者の表情を模倣する共鳴動作（Meltzoff & Moore, 1977）が見られる。このような
模倣は，乳児が意識的に行っているわけではないが，養育者の乳児に関わろうとす
る気持ちを促すことになる。

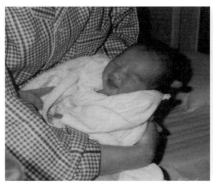
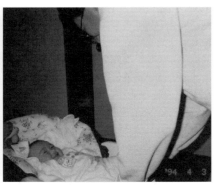

図5-1　生理的微笑（生後2日目）　　　図5-2　社会的微笑（生後3か月）

　乳児は言葉を話せず，自力で移動できない時期から，泣きや微笑みや発声などによって，生理的な状態や欲求を周囲に知らせる。泣き方は月齢とともに生理的な状態や状況によって分化し，他者に構ってもらいたいような時には生理的な不快さの表出とは異なる泣きも出てくる。養育者は，試行錯誤しながら乳児の生理的な状態や欲求に応じるうちに，次第に泣き方や状況によって乳児の欲求がわかるようになってくる。この時，乳児は言葉で「お腹がすいた」などと伝えているわけではないが，養育者は乳児の泣き声を聞くと「お腹がすいたのね」など話しかけながら世話をする。微笑みについては，生後2か月頃までの，主に睡眠時に見られる生理的微笑（図5-1）が，生後3か月頃からは，他者の働きかけによって生じ，他者に向けられた微笑である社会的微笑（図5-2）へと変化していく。この社会的微笑の出現は，養育者にとっては自分の育児への効力感を高め，さらに乳児への働きかけを促すという大きな意味を持つ。

2 アタッチメントとは何か

　多くの動物の子どもは危機的な状況に置かれると，他の個体に近づき接触することで身を守り生命維持をしようとする。イギリスの児童精神科医のボウルビー（Bowlby, 1969）[注1]は，比較行動学を応用し，ヒトを含む動物が危機的状態に置かれ

注1）**ボウルビー**（1907-1990）
イギリスの児童精神科医。ロンドンのタビストック・クリニックでの臨床経験や，WHOから委託された戦争孤児の調査などをもとに，乳幼児期の親子関係は，子どもの心身の健全な発達にとって重要であるとするアタッチメント理論を提唱した。

た際に，他の個体に接近したり接触したりすることで不安や怖れという感情を低減し，安心感や安全感を得ようとする個体の傾向をアタッチメントとした。

　乳児は泣き，微笑み，発声をしたり（信号行動），しがみつく，這う，歩くという行動（接近行動）や，周囲の大人の顔を見たり，声を聞こうとする（定位行動）などの一連のアタッチメント行動によって，養育者を自分の所に引き寄せ，世話や保護の行動を引き出し，あるいは自ら養育者に接近する。たとえば乳児が空腹，暑さ，眠さなどの内的な不快さや欲求を泣きやぐずりで知らせると，養育者は授乳，抱く，衣服の調節などの世話によって乳児の不快さを低減させ欲求を満たす。このような経験を日常生活の中で繰り返すことで，乳児は自分の内的状態や欲求に応えてくれる養育者をアタッチメント対象として認識するようになり，養育者に対して特別な情緒的な絆を築いていく。

　ボウルビィの母子関係の研究は，第二次世界大戦後の1950年に，孤児院で母親的な養育を剥奪された子ども達の精神衛生を向上させるための調査をWHO（世界保健機構）から委託されたことから始まった。その結果，ある特定の人物との親密で継続的な関係が，子どもの健康な身体的及び心理的発達の基礎であると結論づけ，特定の人物とこのような関係が存在しない状態のことを母性剥奪（マターナル・デプリベーション）として警告を発したのである。

　乳児は生後半年を過ぎる頃から這う動作など自力で移動することが可能となるに伴い，周囲の対象物や他者と接する経験が多くなる（→第4章）。このような探索行動が増えることで，乳児が不安，怖さ，寂しさなどのネガティブな気持ちを抱く機会が多くなる。その際に乳児は養育者の所に戻り抱っこされたりすることで安全感や安心感を得て，再び探索行動を行う。この時，養育者は乳児にとって戻っていく避難所（safe haven）であり，探索を見守ってくれる安全基地（secure base）になっている（図5-3）。つまりアタッチメントは，子どもが新しい経験をしながら

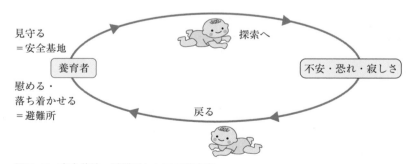

図5-3　安全基地・避難所としての養育者

世界を広げていき，自律性を得る上で重要な働きをしているといえる。

3 アタッチメントの発達

　子どもの運動面や認知面の発達とともにアタッチメントは変化していく。ボウルビーによれば乳幼児期においてアタッチメントは次の4つの段階を経て発達する。
・第1段階：人物の識別を伴わない定位と発信
　　　　　　　（出生〜少なくとも生後8週間頃，一般的には12週頃）
　この時期の乳児はまだ人の識別ができず，特定の人物に限らずに周囲にいる人物に対して定位行動や信号行動を示す。
・第2段階：一人または数人の弁別された人物に対する定位と発信
　　　　　　　（生後12週頃〜6か月頃）
　第1段階と同様に，この段階の乳児は周囲の人に向けて親密な行動を示すが，いつも世話をしてくれる特定の人物に向けてより多く定位行動や信号行動を示すようになる。
・第3段階：発信ならびに移動による特定対象への近接の維持
　　　　　　　（生後6か月頃〜2，3歳頃）
　この段階の子どもは，いつも身近にいて世話をしてくれる人物の中から特定の一人（一般的には養育者）に向けて顕著なアタッチメント行動を示す。養育者以外の見知らない人に対して警戒を示し（人見知り），養育者の姿が見えなくなると泣きやぐずりなどの反応を示す（分離不安）ことも多くなる。養育者が離れようとすると後を追う（後追い）というように，移動能力の発達によって，子ども自らが積極的に養育者との近接の維持を求める行動が増える。
・第4段階：目標修正的な協調性の形成（3歳頃以降）
　3歳頃になると子どもは，他者の意図や感情という内的状態を理解することが可能になり始める。したがってこの年齢の子どもは養育者の行動，目標，そのための計画をある程度推測できるようになり，これらに合わせて子どもが自分の行動や目標を修正することが可能となる。つまり，養育者との間に協調的な関係を築くようになる。
　また，この年齢になると養育者を表象（イメージ）として思い描くことで安心感を得ることが可能となるため，物理的に養育者と近接をしていなくても，短時間であれば情緒的に安定して離れて過ごすこともできるようになっていく。

4 アタッチメントの個人差

　このようなアタッチメントの発達の道筋はありながらも，子どもの養育者への接近や，安心感を得る上で養育者を利用する様子には子どもによって違いがある。

　エインズワース（Ainsworth et a, 1978）[注2]は，ストレンジ・シチュエーション法という，12か月から18か月の子どもを対象にした，養育者と子どもの分離と再開場面を含む8つの場面から構成される実験的な観察法を考案し，アタッチメントの個人差を検討した（表5-1）。養育者との分離というストレスフルな場面で，子どもがどのように反応するのか，また，養育者との再会場面でどのように養育者を安全基地として利用するのかという観点をもとに，エインズワースらはアタッチメントを3つのタイプに分類した。その中で安定したアタッチメントのタイプは安定型（B型）とされる。このタイプの子どもは分離時に多少は泣くが，養育者が戻ってくると自ら積極的にアタッチメント行動を示し，すぐに落ち着きを取り戻すという特徴がある。それに対し，不安定なアタッチメントは回避型（A型）と抵抗型（ま

表5-1　ストレンジ・シチュエーション法の8場面

エピソード	時間	手続きの概要
1	30秒	実験者(ストレンジャー)が母子を実験室に案内し，その後退室する。
2	3分	母親は椅子に座り，子どもは玩具で遊ぶ。
3	3分	実験者が入室し，椅子に座る。その後，母親と会話をし，子どもに近づき働きかける。
4	3分	1回目の母子分離。母親は退室する。実験者は，遊んでいる子どもにやや近づき，働きかける。
5	3分	1回目の母子再会。母親が入室し，子どもを落ち着かせる。実験者は退室する。
6	3分	2回目の母子分離。母親も退室し，子どもが一人残される。
7	3分	実験者が入室する。実験者は子どもを落ち着かせる。
8	3分	2回目の母子再会。母親が入室，実験者は退室する。

（出所）Ainsworth et al, 1978 をもとに作成

注2）**エインズワース**（1913-1999）
アメリカの発達心理学者。ボウルビーの共同研究者として，アタッチメントの研究を開始した。アフリカのウガンダやアメリカのボルチモアで複数の母子の観察を行い，ストレンジ・シチュエーション法を開発することでアタッチメントの個人差を明らかにした。

たはアンビバレンス型：C型）に分類される。回避型の子どもは，養育者が退室を
しても泣くなどの反応をせず，再会場面でも養育者の元に戻らずに避ける傾向があ
る。抵抗型（またはアンビバレンス型：C型）の子どもは，分離する時に非常に強
い泣きを示し，再会場面でも怒ったように激しく泣き続け，養育者との接触によっ
てもなだまるまでに時間がかかる。

　エインズワースらの研究以降，これら3つのタイプのどれにも当てはまらない子
どもが存在することを一部の研究者が指摘し，無秩序・無方向型（Dタイプ）とし
た（Main & Solomon, 1986）。このタイプの子どもは，たとえば顔をそむけたまま
で養育者に近づいたり，突然立ちすくんだり，無表情になるなど一見すると理解し
がたい行動を示す（ストレンジ・シチュエーションにおける子どもの行動特徴）[注3]。

5 アタッチメントの個人差の要因

　なぜ，このようなアタッチメントの個人差が生じるのだろうか。エインズワース
は，養育者と子どもとのやり取りを観察する中で，アタッチメントの個人差には，
子どもが示すアタッチメント行動への養育者の応答の違いが関連していると指摘し
た。たとえば，回避型の子どもの養育者は，子どもからのアタッチメント行動に対
して拒否的で表情も少なく，抵抗型の子どもの養育者は，子どもへの対応に一貫性
がなく，応答するタイミングが遅れるという特徴がある。それに対して，安定型の
子どもの養育者は，子どもの欲求や状態に対して，言葉がけなどを含めて感情豊か
に適切なタイミングで応答をし，子どものペースを尊重する関わりが多い。そこか
ら，エインズワースは，安定したアタッチメントを築くためには，子どもの視点に
立ち，子どものシグナルを正確に捉え，タイミングをはずさずに適切に応答すると

注3）**ストレンジ・シチュエーションにおける子どもの行動特徴**
Aタイプ（回避型）：養育者の分離の際，泣いたり混乱を示したりすることがほとんどない。再
会時には接触をほとんど求めず，養育者から目をそらす，傍を通り過ぎるなど養育者を避けよ
うとする。
Bタイプ（安定型）：養育者との分離で多少の泣きや混乱を示すが，実験者（ストレンジャー）の
存在で落ち着くことができる。養育者との再会時には積極的に接触を求め，すぐになだまる。
Cタイプ（抵抗型）：養育者との分離で非常に強い苦痛を示す。養育者との再会時には，養育者
との接触を求める一方で，怒りを表出するなど抵抗も示し，両価的な側面がある。養育者との
接触によっても，なだまるまでに時間がかかる。
Dタイプ（無秩序型）：顔をそむけながら養育者に近づく，養育者に近づく途中で立ち止まるな
どの近接と回避という相反する行動を同時に行ったり，突然にすくむ，表情なく固まるなど不
自然な行動を示したりする。

いう，養育者の敏感性（センシティビティ）が重要であるとした（養育者の日常の関わりの特徴）[注4]。

　一方で養育者側の要因以外に，子ども側の気質という要因も関連している可能性もある。たとえば，回避型の子どもは新しい状況に対しての怖れやすさという気質的な傾向が弱く，反対に抵抗型の子どもは怖れやすく，ネガティブな情動を表出しやすいという傾向を持つとも考えられる。つまり，このような子どもの気質の違いが，ストレンジ・シチュエーション法において養育者との分離や再会場面での子どもの行動特徴として表れたとも考えられる。またトーマスとチェスが示した，不快の情動表出が多く，なだまりにくく，新しい場所や人にも慣れにくいといった「扱いにくい子ども」（→第2章）であれば，養育者の負担感や不安感は大きくなるため，子どもからの様々なアタッチメント行動への養育者の敏感性が低くなり，その結果不安定なアタッチメントを形成する可能性もある。

　アタッチメントの個人差には，養育者の子どもへの対応の違いだけではなく，育児サポートなどの養育者を取り巻く環境や，子ども側の要因など複数の要因が相互に影響し合いながら関連しているという視点が必要である。

6 アタッチメントの連続性

　子どもは日常生活の中で，危機的な状況や不安を感じた時には養育者になだめてもらえるというやり取りを積み重ねることで，そのような時には養育者はいつでも助けてくれるという表象を作る。同時に，自分は養育者から助けや保護を求めるに値する存在なのだという表象も抱くようになる。ボウルビーは，このような，アタッチメント対象との関係への主観的な期待や感覚をもとにして形成された，抽象的な表象のまとまりを内的作業モデル（internal working model）と名付け，乳児期以降の生涯にわたる対人的関係や新しい出来事への対応の仕方に影響を及ぼすとした。

注4）**養育者の日常の関わりの特徴**
Aタイプ（回避型）：子どもに対して拒否的で，子どもとの身体接触や感情表出が少ない。
Bタイプ（安定型）：子どもからのシグナルに対して，敏感に感情豊かに，適切なタイミングで応答する。子どものペースを尊重した関わりが多い。
Cタイプ（抵抗型）：養育者の気分や都合次第で一貫した関わりが少ない。子どものシグナルへの応答のタイミングがずれることも多い。
Dタイプ（無秩序型）：精神的な不安定さがあり，子どもを脅えさせる行動を取ったり，抑うつなどの感情障害を持っていたりする。また，不適切な養育（虐待）が見られる場合もある。

　彼は，環境に大きな変化がない限り，内的作業モデルは年齢を重ねるにつれて変わりにくくなるとも想定している。

　自分が困った時には養育者が助けてくれるという確信や，自分は養育者に対して保護や援助を求めるに値する存在であるという感覚を持つことができるということは，世の中への信頼感や自己肯定感につながるものである。このような期待や主観的感覚は，エリクソンが心理社会的発達理論で提唱した，乳児期の発達課題である基本的信頼感に相当するともいえる。

■7 多様な人達との関係へ

　ボウルビーが理論を提唱した時代には，乳幼児の養育は母親が家庭で行うことが前提となっていたといえる。現代では乳幼児期から家庭外での保育を経験する子ども達も多くなっている。このような時代の変化によって，母親を主要なアタッチメント対象と想定するボウルビーの考え方について，解釈をしなおすことが必要とする指摘もある（van IJdendoorn, et al, 1992）。たとえば，養育を行うのは実母でなくても，継続して一貫して子どもに関わる人物であればよいという考え方である。

　アメリカの国立小児保健・人間発達研究所が全米 10 か所の地域に住む約 1,300 人の新生児とその家族を対象とした追跡調査の結果，子どもが 4 歳半時点において，家庭でのみ養育を受けている子どもと，家庭外での保育を経験している子どもとを比較すると，両群の子どもの認知面や情緒面などの発達にはほとんど差異はないことが示された。ただし，家庭外での保育を受けている子どもの場合には，保育者一人が担当する子どもの数が少ないことや，保育者が子どもの発言に積極的に応答するなど保育の質が優れている群のほうが発達は良いことも示された。それと同時に，母親の子どもへの好ましい関わりは子どもの発達との間にポジティブな関連があることも明らかにされた（日本子ども学会，2009）。

　また，子どもは母親だけではなく，父親，祖父母，保育者や教師など，肯定的な関わりを示してくれる他者とも個別にアタッチメント関係を形成することが複数の研究によって明らかにされている（園田ら，2005；数井，2005）。これらの研究の結果は，特定の大人と安定したアタッチメントを形成することは，子どもの心理社会的な発達の土台となりうるが，「誰が」養育を行うかではなく，「どのように」肯定的で継続的な養育を行うのかが重要であり，子どもは養育者以外の大人ともアタッチメントを持つことによって，安心して生きる世界を広げていくことを示しているといえる。

事後学習

①ボウルビーの定義したアタッチメント及びアタッチメント行動についてまとめる。

②エインズワースの見出したアタッチメントの個人差の中で，「安定型」に分類される子どもの，ストレンジ・シチュエーション場面での行動特徴と，養育者の日常の関わり方の特徴についてまとめる。

③安定したアタッチメントの形成は，なぜ子どもの心理社会的な発達にとって重要であるのかを，講義内容を踏まえてまとめる。

参考文献

Ainsworth, M.D.S., Belhar, M.C., Waters, E & Walls, S.（1978）*Patterns of Attachment.* Lawrence Erlbaum.

ボウルビー, J/黒田実郎他訳（1976）「母子関係の理論Ⅰ　愛着行動」岩崎学術出版社（Bowlby, J.（1969）*Attachment and Loss : Vol.1, Attachment*）

ボウルビー, J/黒田実郎他訳（1977）「母子関係の理論Ⅱ　分離不安」岩崎学術出版社（Bowlby, J.（1973）*Attachment and Loss : Vol.2, Separation*）

数井みゆき（2005）　保育者と教師に対するアタッチメント．数井みゆき・遠藤利彦編著「アタッチメント―生涯にわたる絆」．ミネルヴァ書房．pp.114-126

ローレンツ, K./日高敏隆訳（2005）「動物行動学Ⅱ」新思索社

Main, M. & Solomon, J.（1986）Discovery of an insecure-disorganized/disoriented attachment pattern. In T.B. Brazelton & M.W. Yogman（Eds.）. *Affective Development in Infancy*. pp.95-124.

Meltzoff, A.N. & Moore, M.K.（1977）Imitation of facial and manual gestures by human neonates. *Science*, 198, 75-78.

日本子ども学会編/菅原ますみ・松本聡子訳（2009）「保育の質と子どもの発達　アメリカ国立小児保健・人間発達研究所の長期追跡研究から」赤ちゃんとママ社

園田菜摘・北村琴美・遠藤利彦（2005）．乳幼児期・児童期におけるアタッチメントの広がりと連続性．数井みゆき・遠藤利彦編著「アタッチメント―生涯にわたる絆」．ミネルヴァ書房．pp.80-95

Van IJdendoorn, M.H., Sagi, A., & Lambermon, M.W.E.（1992）. The multiple caretaker paradox; Data from Holland and Israel. *New Directions for Child Development*, 57, 5-24.

第6章 言葉と遊びの発達

事前学習
言葉の働きについて，私たちの日常生活の中の具体的な例を挙げて整理する。

　私たちは，目の前にないことでも，思い描くこと，つまり想像することができ，その想像したことに言葉をつけることによって，他者と共有することができる。また，遊ぶことは想像することと密接につながっている。この章では，言葉や遊びが乳児期以降にどのように発達していくのかについてみていく。

1 言葉の働き

　言葉には，自分の要求や気持ちを他者と伝え合うというコミュニケーションの手段としての働きと，自分との対話を心の中で行うことで，思考し，行動や気持ちを調整する手段としての働きがある。ヴィゴツキー[注1]は，会話など他者とのコミュニケーションの手段として音声を外に表す言葉を外言とし，思考や行動調整の手段として音声を伴わない言葉を内言とした。子どもの言葉の発達は，まず身近な人々とのコミュニケーションにおいて外言から始まり，それが内言に分化していく過程であるとした。幼児期はその移行期であり，幼児が考えていることを言葉にしたりする独り言は，外言が内言に分化する中で生じるものと考えた。

注1）**ヴィゴツキー**（1896-1934）
　旧ソビエト連邦共和国出身の心理学者。精神発達が社会，文化，歴史的な文脈的要因から影響を受ける過程について理論化した。特に，言葉をはじめとする認知活動において，大人と子どもの社会的相互交渉を通して，子どもが内面化していくことを重視した。37歳という短い生涯ではあったが，その理論は後の発達心理学や教育心理学に大きな影響を与えた。

② 象徴機能としての言葉

　子どもは 10 か月頃になると，目の前にないものや，自分の体験したことなどを表象（イメージ）として頭に思い描くことができるようになる。子どもが表象を持っていることは，対象の永続性の理解とともに，延滞模倣の出現によって明らかになる。つまり，目の前の他者の行動をその場で模倣するのではなく，時間が経過した時に他者の行動を再現することができるということは，他者の行動を表象として保持することが可能となったためである。

　1 歳を過ぎると，象徴（シンボル）を使用するようになる。象徴とは，対象を，それ以外のもので表現することである。その代表的なものが言葉である。たとえば，子どもが車（意味されるもの）を見て，それを表象として頭の中に思い描く。そして子どもが車を指さして「ブーブー」と発声すると，その「ブーブー」という言葉（意味するもの）が象徴である。また，その子どもが積み木を車に見立てて遊ぶのであれば，その積み木（意味するもの）も象徴である（図 6-1）。

　このように 1 歳前後には，表象や象徴機能を獲得することで，言葉を使って自己の状態や内面を表現することができたり，見立て遊びやふり遊びなどの象徴遊びが出現したりするなど，子どもの世界との関わり方が大きく変化する。それでは表象や象徴機能の獲得までの生後一年目の 0 歳代に，子どもはどのように言葉の準備をしているのであろうか。

表象

象徴
（意味するもの）

「ブーブー」

意味されるもの

図 6-1　対象・表象・象徴の関係

③ 言葉の準備

　生後 1 年前後で言葉が出現するまでに，乳児は様々な側面で準備をしている。言葉が出現する上で，周囲の音声を聞くことが必要となる。生後半年ほどの乳児は，日本人の乳児も英語の r と l の聞き分けが可能というように，あらゆる言語の音韻

を聞き分けることができると考えられている。しかし9か月頃以降にそのような能力を失うのは，自分が生きる環境で必要な能力を残し洗練させていくことで適応するという意味がある。

　また，言葉を話すためには，発声できることが必要である。発声は呼気によって声帯が振動を起こして音声が生じ，この音声が咽頭，口腔などに共鳴して起こる。生後1か月頃は，ゲップや咳などの生理的現象から生じる音が主であるが，2，3か月頃には，喉を鳴らすようなクーイングとよばれる音声を出すようになる。さらに生後4〜6か月頃は，クーイングと規準喃語の移行期として，言葉遊びのように様々な種類の音声を発声する（過渡的喃語）。生後7か月頃になると，「バババ」「ダダダ」など母音と子音とで構成される同じ音を繰り返す規準喃語を発声し始める。

　乳児のクーイングや喃語に，養育者をはじめとする周囲の大人が応えることによって，乳児は会話の練習をする。つまり会話をする時には，相手が話している時には黙っており，話し終わってから話すという役割交代が求められるが，そのような間の取り方や，日本語としての抑揚を大人との音声のやり取りの中でリズムとして覚えていく。

　大人の乳児への話しかけには，大人への話しかけとは異なるいくつかの特徴がある。たとえば，周波数が高い，周波数の変動が大きい，ポーズが長い，ゆっくりと明瞭に話す，反復が多いというものである。また，ワンワンやブーブーなどの幼児語には擬音語や擬態語が多く使われる。大人が乳児への話しかけに使用するこのような言葉は育児語（マザリーズ）とよばれる。育児語を使うことによって，乳児の注意をひきつけやすくし，さらに養育者の子どもへのポジティブな情動的表出を助けることで養育者と子どもとの情緒的な絆を強めることにつながる（小椋，2015）。

　乳児も生後2か月以降には，養育者の働きかけに対して，目を見つめ，微笑みかけ，声を出すことで積極的に反応する。養育者と乳児は，一対一のコミュニケーションの中で，言葉以外の方法で様々な情動を伝え合っている。このような関係を二項関係という。

4 9か月の奇跡

　生後9か月頃に，コミュニケーションにおける大きな意味のある変化が起こる。9か月頃までは，たとえば母親とやり取りをしている時に，乳児にモノを渡すと，その乳児の母親への関心は途切れ，モノへの関心だけとなる。しかし9か月頃になると，モノを見て，母親のほうを見るという行為になったり，母親にモノを渡して

母親の表情を見たりもするようになる。つまりモノとの関係と人との関係が合わさり，モノを間に介した人とのやり取りが可能となるのである。このように，他者と同じ対象に注意を向け，対象について他者と心の交流を行うことを共同注意とよぶ。これは乳児が，他者も自分と同じように独自の意図や関心という心の状態があることを認識し始めているという大きな変化であるため，「9か月の奇跡」とよぶ研究者もいる（トマセロ，1999）。またこのような関係は，子ども，養育者，モノの関係であるため三項関係ともいわれる。

　共同注意が可能となったことを示す子どもの具体的な行動として，社会的参照や指さしが挙げられる。社会的参照とは，乳児が1歳前後になると，何か目新しい物や状況に出会った時に，近くにいる大人の表情や行動を参考にして，自分の行動を決めるという反応である。たとえば音の出る玩具を示された時，乳児は母親の表情を見て，母親が微笑んでいれば玩具に手を出すが，母親が不安や恐怖の表情をしていれば，手を出そうとしない。指さしについては，1歳以降には自分の欲しいものを手に入れるために指さして教えるという要求の指さし，関心を共有するためにその対象を指さして教えるという叙述の指さし，「～はどれ？」と尋ねられて指さしで応じるという応答の指さしなど，その種類も増えていく。その中でも特に叙述の指さしは，他者とモノへの関心を共有したいという乳児の思いの表れでもある。その際に周囲の大人が，乳児が指さしをするモノに言葉を添えることによって，モノと言葉との関連がつながりやすくなる。

　このように乳児が養育者をはじめとする他者と共に注意や意図や感情を共有することを土台にして，言葉が現れてくる。

5 初めての言葉

　言葉の発達は発話の側面と理解の側面とがあり，理解は発話よりも早い時期から可能となる。日常生活で使われる言葉を身振りや表情などを手掛かりに理解する。生後9～10か月には言葉による命令に従い始め，生後11か月頃には約10の言葉を理解する。

　1歳前後に子どもは初めて意味のある言葉を発し，これを初語という。初語には，「マンマ」や「ブーブー」などの普通名詞や，「バイバイ」などの日常生活に密着したものが多い。また，言葉が出現し始めた頃は，通常の使用よりも広い範囲に適用される過大汎用が生じやすい。「ワンワン」という言葉を，犬だけではなく，動物全体に使ったりする。また，この時期の子どもは言葉をつなげて話すことはなく，一語で様々な意味を伝える。これを一語文といい，「ワンワン」という言葉は「犬

がいるね」や，「あの大きな犬が怖い」など状況によって子どもの伝えようとする意味は異なる。

　言葉を獲得する速さは個人差が大きく，18 か月で 5 語の子どもから 108 語を発話する子どもまでいる。

　18 か月過ぎに発話が 50 語を超える頃から，語彙が急激に増加する語彙急増期となる。この頃から，正しく指示できる語彙が増えるため過大汎用も減少し，使用範囲は狭くなり，本来の意味として使われるようになる。また，語彙の増加とともに単語を 2 つつなげた二語文を話すようになり，やがて 2 歳前後には助詞（例：が，の，に）や助動詞（例：だ，ない，ます）を用い，三語文や多語文など複雑な文章を話すようになっていく。しかし，子どもにとっては助詞や助動詞を正しく使用することは難しく，間違えながら長い時間をかけて習得していく。

6 過去や物語を語る

　複数の言葉をつなげて話すことができるようになると，子どもは自分が体験したことや物語を作り出して語るという語り（ナラティブ）が発達していく。自分の体験や物語を他者にも理解できるように語るためには，出来事の時間的関係及び因果関係を理解し，時系列に沿った出来事の連鎖として表現し，一貫性を持って語ることなど，多くの言語的能力が求められる（荻野，2001）。そのため，2 歳以下の年齢の低い子どもが一人だけで体験を正確に語ることには限界があり，多くの場合には周囲の大人が子どもに質問をしたり，情報を与えたりすることで子どもの語りを引き出し，補っていく。このような大人の援助は，足場かけ（scaffolding）[注2] として作用し，子どもの語る能力の発達とともに足場かけは少しずつ減少する。3 歳後半から 4 歳前半にかけては，出来事を組み合わせて言葉で表現できるようになる。さらに 4 歳後半から 5 歳後半にはテーマを明示し，締めくくるという語りの基本的な形式を獲得し始め，5 歳後半すぎになると「夢」や「回想」を組み込みながらファンタジーを生み出すこともできるようになる（内田，1996）。

注 2) **足場かけ**
　より熟練したパートナーが子どもの現在の習熟レベルに合わせて，提供する援助を調整し，援助の質を変化させること。心理学者のブルーナーが，ヴィゴツキーの「発達の最近接領域」を手がかりにして提唱した概念を一般化した用語。

7 読み書きへの関心

　子どもは1歳代のうちから，周囲の大人が文字に接する姿や，身の回りにある絵本などを通して文字に対して何らかの興味を示す。特に4，5歳頃になると，自分や家族の名前や，看板の文字など日常生活で目にする文字に興味を持ち，読み書きを覚えようとする。言葉を正確に覚えるためには，音の側面を意識し，音を操作するという音韻意識が必要となる。しりとり遊びは，言葉を音に分解して語尾の音に注目し，同じ音を語頭に持つ言葉を探すことによって成り立つため，音韻意識を高める上で有効な遊びである。

　また，子どもは家庭や保育場面で，大人や年長の子ども達の様子を真似るように，手紙ごっこや描画と共に書くなど，文字を書くことを遊びの中にも取り入れていく。文字を書くことを覚えて間もない時期には，鏡映文字という，鏡に映ったように左右逆転した文字が見られるが，パターン認識や空間認識能力の成熟とともに修正されていく。

　言葉には，乳児期から具体的な事物などについて，親しい身近な人たちとの一対一の会話で使用される一次的ことばと，児童期以降に獲得される書き言葉を中心とした，不特定の他者に伝えるための二次的ことばがあるとされる（岡本，1985）。二次的ことばが出現した後も，一次的ことばは土台として残るため，一次的ことばを豊かにすることが，二次的ことばの発達につながる。二次的ことばを発達させることによって，言葉を思考や感情コントロールの手段とし，児童期以降に自己を客観的に捉える自己概念の形成につながっていく。

8 遊びとは何か

　子どもにとって遊びは生活の中心ともいえる。遊びの中で，身体を動かすことで運動機能を向上させ，時には細かい手作業を伴うことで手先の巧緻性を促す。また，ルールを理解して遊ぶためには，認知的能力も関連し，仲間と協力することが求められるため社会性を身につけることも必要となる。このように，子どもの発達の上で，遊びは多くの機能をもっている。しかし，子ども自身はそのような目的を意識して遊ぶわけではない。

　遊びとは，楽しさを追及する活動であり，自発的に取り組む活動である。また，活動それ自体が目的であり，遊びたいから遊ぶのであり，何か別のことを目的としてなされるものではない。

9 遊びの発達

　遊びは，子どもの認知発達によって変化する。ピアジェは，認知発達の側面から子どもの遊びを機能遊び，象徴遊び，ルールのある遊びに分類している。また，ビューラー（1966）は，表6-1のように遊びを分類している。二人に共通して，幼児期に特徴的な遊びとされるのが象徴遊び，または想像遊びである。1歳前後に表象機能を持つようになると，過去に見たことを再現したり，身近な人の行為を模倣したりするというふり遊びが現れる。2歳～3歳では，段ボールを家に見立てるなどの日常生活を再現した遊びをするようになる。4歳頃になると，役割やストーリーのあるごっこ遊びを楽しむようになる。

　年齢とともに，他児と遊ぶ機会も多くなる。パーテン（1932）は社会性の発達に伴い遊びの形態が変化するとし，その観点から遊びを分類した（表6-2）。遊びは高次の段階になるにつれて，役割やルールが生まれ，これらが子ども同士で共有されるようになる。この分類では年齢ごとに高次になっていくとされるが，年長児であっても，常に協同遊びを行うわけではなく，時には一人で制作をしたり，絵本を読んだりするように，年齢が高くなっても前の段階の遊びも存在する。

表6-1　認知発達による幼児の遊びの分類（ビューラー，1966）

遊びの形態	遊びの内容
機能遊び	体を動かすことや，視覚，聴覚，触覚への刺激など，感覚運動器官を使って楽しむ活動。乳児期に多く見られる行動であるが，幼児期において単に飛んだり跳ねたり，肌触りを楽しんだりする行動もこの遊びに分類される。
想像遊び	「ごっこ遊び」「模倣遊び」「役割遊び」「象徴的遊び」とも呼ばれ，幼児期の特性を最も顕著に表す活動である。2歳頃から出現し，3，4，5歳頃に最も盛んになる。想像遊びには「ままごと」などの現実の世界を模倣する遊びと，「ヒーローごっこ」などの非現実（ファンタジー）の世界を想像する遊びとが含まれる。
受容遊び	「鑑賞的遊び」とも呼ばれる。子どもの自発的な活動が少なく，絵本やテレビを見たり，お話や音楽を聞いて楽しむというように，見たり聞いたりすることを楽しむ受け身的な遊びである。2歳頃から出現し，その後徐々に増加する。
創造遊び	「構成的遊び」とも呼ばれ，積木，粘土，砂，紙などいろいろな素材を用いて創作することを楽しむ活動である。折り紙や絵を描くこともこの遊びに含まれる。幼児期を通してこの遊びは増加し，複雑化する。

（出所）田爪，2010

表6-2 社会性の発達による幼児の遊びの分類(パーテン, 1932)

遊びの形態	遊びの内容
1人遊び	乳児期に多く見られる遊びの形態で, 玩具を相手に1人で遊ぶ。玩具の取り合いをする以外は, 他の子どもたちとかかわることはなく, 自分だけの遊びに熱中する。
平行(並行)遊び	2, 3歳頃に多く見られる遊びの形態で, たとえば, 絵を描いたり, 折り紙をしたりと, 皆で同じ遊びをしてはいるが, そのなかで子ども同士のかかわりはなく, 同一の遊びが平行して展開している状態。一緒に遊んでいるという感覚があるという点でひとり遊びよりも社会性の発達が認められるが, 他の子どもに干渉したり, 協力したり, という行動は見られない。
連合遊び	3, 4歳頃に見られる遊びの形態で, 一応, 子ども同士で一緒に遊ぶという形態をとっている。ただし, 一緒に遊んでいる子どもはほぼ同じ行動をしており, 分業をしたり, リーダーシップをとる子どもはいない。また, 同じ仲間で遊んでいてもイメージやルールの共有が十分でない場合もある。
協同遊び	およそ5歳以降に見られる, 幼児期における仲間遊びの完成形。1つの遊びのなかに分業が見られ, それぞれの子どもがちがった役割をとることができる。遊びのなかにルールを取り入れ, 共有することが可能になる。また子どものなかに社会的な地位が生まれ, リーダーシップをとる子ども(ガキ大将)なども生まれる。

(出所)田爪, 2010 を一部改変

事後学習

①0歳代に乳児は養育者との関わりの中で, どのように言葉の準備を行っているのかをまとめる。
②共同注意について説明し, 言葉の発達におけるその役割についてまとめる。

参考文献

ビューラー, K/原田茂訳 (1966) 「幼児の精神発達」. 共同出版

荻野美佐子 (2001) 物語ることの発達. 秦野悦子編.「ことばの発達入門」. 大修館書店. pp.173-193

小椋たみ子 (2015) 養育者はどんな語りかけをしているか?. 小椋たみ子/小山正/水野久美著.「乳幼児期のことばの発達とその遅れ」. ミネルヴァ書房. pp.94-100

岡本夏木 (1985) 「ことばと発達」. 岩波書店

Parten, M.B.（1932）Social participation among pre-school children. *Journal of Abnormal and Social Psychology*, 27, 243−269.

田爪宏二（2010）　遊びと認知発達．無藤隆/中坪史典/西山修編著「発達心理学」．ミネルヴァ書房．pp.47−59

トマセロ, M. /大堀壽夫・中澤恒子・西村義樹・本多啓訳（2006）「心とことばの起源を探る−文化と認知」．勁草書房（Tomasello, M.（1999）*The cultural origins of human cognition*）

内田伸子（1996）「子どものディスコースの発達」．風間書房．

ヴィゴツキー, L.S. /柴田義松訳（1962）「思考と言語」．明治図書出版

第7章 自己と感情の発達

事前学習

・心理学における「自己」の定義を，本章や書籍やインターネットで調べる。
・感情には「悲しみ」や「喜び」の他にどのような種類があるか，自分の考えをまとめる。

　私たちは，他の誰とも異なる独自の存在として，「自分は自分だ」という感覚を持っている。このような感覚を心理学では「自己」と表現する。自己には，主体としての自己と客体としての自己とがある。主体としての自己とは，行動を起こしたり，感じたり，考えたりすることを実感として感じる自己である。私たちは自分が身体を動かし移動すれば，自分の手足の感覚や外界の見え方に生じた変化を感じる。外界からの刺激を五感で受けることで，思考したり感情が生じたりもする。一方，私たちは自分自身の性格や得意なことなどの特徴に関する認識や，自分の容姿についてのイメージを持っている。このような，考えたり，認識したり，見られる対象としての自分が，客体としての自己である。客体としての自己を認識することによって，感情もより複雑となっていく。自己や感情が，誕生以降どのように変化していくのかをこの章でみていく。

1 自己感覚の芽生え──誕生〜生後 8 か月頃

　誕生後 0 歳前半頃までは，手を目の前にかざしてじっと見つめたり（ハンドリガード：図 7-1），手を口に入れたり（図 7-2），自分の手足を触ったりしながら自分の身体を発見し，身体で感じる感覚を通して主体としての自己に気づいていく。自分で自分の身体を触る行為によって，自分が身体を触る感覚（能動的感覚）と，触られる感覚（受動的感覚）を同時に感じる。この体験を重ね，自分で自分の

図 7-1　ハンドリガード

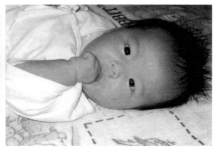
図 7-2　手を口に入れる

　身体を触る感覚は，他の人やモノを触るときの感覚とは異なることを理解してい
く。その違いを感じることで，自分と自分以外のモノとの区別をつけていく。

　生後 8 か月頃から這うなど自分で移動ができるようになってくると，さまざまな
モノを触ったり，動かしたりするなど外界に積極的に働きかける。自分がモノを落
としたら大きな音がするなどのように，自分の行動が原因となって結果を引き起こ
すことを理解するようになる。このような経験を重ねる中で，行動の主体としての
自己という感覚を高めていく。

　それと同時に，他者とのやり取りの中でも自己に気づいていく。生後 3 か月頃か
ら社会的微笑（→第 5 章）が出てくると，養育者との相互的なやり取りも多くな
る。子どもは，自分が笑うと母親も笑い返してくれるなど，自分の行動によって周
囲の人の反応が返ってくることを理解するようになる。また，このような養育者を
はじめとする他者との社交的なやり取りの中で，「お母さんは，いつもこういう感
じでなだめてくれる」「お父さんは，いつもこういう感じで話しかけてくれる」と
いうように，他者に関しても一貫した要素を取り出すことができるようになる。

2　主観的体験への気づき—生後 9 か月から 15 か月頃—

　生後 9 か月頃になると，共同注意行動が現れる（→第 6 章）。共同注意行動が現
れるようになるということは，子どもが他者も自分と同じように内的世界を持つこ
とを理解しはじめ，自分と他者が内的世界を共有できることに気づき始めたことを
意味する。子どもが，他者が指さした方向を見るのは「あそこにあんなものがあ
る」という他者の意図を理解した上での行動である。また，たとえば子どもが初め
ての玩具を前にした時に，母親の表情に承認の感情を確認した上で遊び始めるとい
うような社会的参照（→第 6 章）は，子どもがその時に感じている自身の不安とは

異なる感情を，母親が抱いていると理解していることの表れといえる。また，他者が自分に注意を向けている時，子どもは他者の注意が自己に向けられていることに気づき，自分自身を認識の対象とするようになる。

　したがって，1歳前後に子どもは，自分とは異なる内面をもつ他者の存在に気づき，それとの比較の中で，他者とは異なる独自の内面を持つ存在であるという，客体としての自己に気づき始める。

３ 客体としての自己の認識─生後 15 か月から 2，3 歳頃─

　子どもが客体としての自己を認識することができるかを確認する課題はマークテスト（ルージュテスト）とよばれる。これは子どもに気づかれないように鼻の上に口紅をつけ，子どもに鏡を見せたときの反応を見るものである。15 ～ 18 か月以前であれば，鏡に映った像を別の人物とみなして，鏡の中の像を触ったり，たたいたりする行動をとるが，15 ～ 18 か月以降になると，自分の鼻の口紅がついた部分を触る。これは，鏡映像の自己認知が可能になったことを意味し，子どもが自分自身の顔立ちについてのイメージを持ち，それと外部の視覚的像との比較が可能になり始めることを示している。多くの子どもは 2 歳頃までにこの課題を通過するようになる。

　自分の意図や気持ちを伝える言葉が増えることによっても，自己に関する認識がよりはっきりとしてくる。2 歳前後からは自分の名前を言うようになり，自分の性別も理解し，所有物の認識も明確になる。

　さらに，2 歳頃から他者を意識し「他者から見られる自分」として，自己をより客観的にとらえるようにもなる。周囲の大人が自分に抱く期待を理解し，それをもとに自己を評価し始める。そこから誇り，罪悪感，恥などの他者や自己を意識した複雑な感情も生まれてくる。

　明確な自己認識ができることにより，2 歳前後から子どもが自分の意図や気持ちを強く押し出してくるようになる。周囲の大人の意図や都合との衝突も増え，その中で子どもは自分と他者の意図や気持ちの違いを明確に意識する。このような子どもの自己の押し出しが，周囲の大人からみると「反抗期」ととらえられるのである。

４ 自己概念の発達─幼児期以降─

　2 歳頃から自分の意図や欲求や感情について，3 歳頃には思考や信念について話

すようになるなど，幼児期には自分の経験や内面について，周囲の大人に支えられながら話すことを通して，自分がどのような人であるのかという自己概念を徐々に形成していく。自己概念は，幼児期から就学前ごろにかけて次第に内容が変化していく。ある研究の中で，3歳児，4歳児，5歳児に「〇〇ちゃんは…」という文章を示して，子どもが自分のどのような特徴を挙げるか調べたところ，3歳児では持ち物や名前に関することが多く，年齢が上がるに伴い，自分が行う行為や，どのような行為ができるかが，子どもの自己概念の中で大きくなることが示されている（Keller, et al, 1978）。また，5歳児，小学2年生，小学4年生の日本の子どもたちを対象にした研究でも，年齢が上がるにつれて，身体的・外的特徴についての回答が減少し，行動や性格特性に関するものや，勤勉性や能力についての回答が増加することが示されている（佐久間ら，2000）。

　幼児期には自己を肯定的にとらえる傾向が強いが，児童期中期になると自分と他者との比較（社会的比較）をすることによって，否定的側面をも含めた現実に即した自己評価が可能になっていく。

　以上みてきたように，自分であるという感覚や自己概念を，子どもが一人だけで作っていくのではなく，乳児期の養育者とのやり取りを出発点とし，幼児期以降には養育者以外の大人や仲間など，他者との関係の中で形づくっていくのである。

5 第一次反抗期

　1歳半過ぎ頃から，2歳から3歳にかけて，子どもの自己意識の高まりとともに，子どもの自己主張が強くなり，養育者の指示や要求に対して「イヤ」と拒否や反抗が増えてくる。身体機能や認知的な能力も発達していき，食事や衣服の着脱などの身辺のことを一人でもできるようになり始める。しかし，まだ充分に一人でできるほどの能力はないにもかかわらず，「自分でやりたい」「自分で決めたい」気持ちが強いために，養育者が手を貸したり，自分で思うようにできなかったりすると，かんしゃくなどの激しいネガティブな感情を表出することになる。このような子どもの姿は，いわゆる第一次反抗期[注1]特有のものである。

　養育者は，この頃から，社会的ルールや身辺の自立を教えること，つまりしつけ

注1）この時期を英語圏では「terrible twos（おそろしい2歳児）」とよぶ。川田（2012）はこのような見方は社会・文化によって異なるものであるとし，アメリカの発達心理学者ロゴフの，2歳児を反抗期とするのは，中産階級ヨーロッパ系アメリカ人を典型とする先進諸国の発達観を表したものだという説を紹介している。

を始める。自分の思いを全面に押し出す子どもと，しつけようとする養育者との間での衝突がしばしば起こる。このような養育者との衝突の中で，子どもは自分とは異なる意図を持つ他者として養育者を認識し，さらには自分自身の要求や意図をより明確に意識するようになる。

　養育者は，第一次反抗期の子どもと向き合うことに対して，ネガティブな感情の多さや激しさ，こだわりの強さなどの面で難しさを感じることが多い。子どもにとっては，自分でやりたい思いと頼りたい思いとの揺れや，まだ充分に自分の気持ちを言葉で表現できないことが，激しい泣きやかんしゃくという行動となって表れるのである。したがって周囲の大人から，気持ちを言葉にしてもらうことで，子どもは自分の気持ちに気づき，落ち着くことも多い。このように周囲の大人から気持ちを受け止めてもらうことを繰り返すことで，少しずつ子どもも養育者の都合を聞き入れたり，言葉で自分の気持ちを表現したりするようになっていく。養育者にとっては対応の難しい時期ではあるが，子どもにとっては，後に続く自己制御の発達の上で必要な時期である。

6 感情の発達

　客体的な自己を理解することによって，徐々に複雑な感情が現れてくる[注2]。ルイス（1997）は，誕生時から3歳頃までの感情発達について，以下のような道筋を提唱している。まず，誕生時に存在する満足，興味，苦痛という3種類の感情から，生後半年頃までに，喜び，驚き，悲しみ，嫌悪，怒り，怖れという感情が出現するとし，これらを原初的感情，あるいは一次的情動という。生後2か月の終わり頃には，養育者からの働きかけに対して目を合わせて微笑む行動が見られ，喜びの感情の反応が現れる。反対に，養育者が関わりをやめると悲しみを表すようにもなる。生後3か月頃には，苦いものを口にすると，顔をしかめて吐き出す嫌悪の感情の反応がみられる。

　さらに生後4～6か月頃には，手や足を自由に動かせないようにされると，怒りの感情の反応を示す。生後7～8か月頃から始まる「人見知り」は，よく見知った人と見知らない人とを区別し，見知らない人への怖れの感情の反応である。

　1歳半～2歳頃に客体的な自己を認識するようになると，照れ，共感，羨望とい

注2）感情の発達については，研究者によっても見解が分かれる。本章で取り上げたルイスのように，生まれた後で感情が少しずつ分化していくという立場や，生まれて間もないときから，他とは区別される基本的ないくつかの感情を備えているとする立場とがある。

う感情が現れる。照れは，他者から見られていることを意識することで生じる。共
感は，他者と自分の内的状態を区別することによって，他者の苦痛や悲しみを慰め
たりする行動として表現される。羨望は，自分は持っていなくて他者は持っている
ことを意識することから生まれる。いずれの感情も自分と他者とを区別し，自己を
意識することによって生じるものであるため，ルイスはこれらを自己意識的感情と
している。

　さらに 2 歳〜 3 歳頃になると，周囲の大人が自分に求める行動の基準や規則を理
解し始め，その基準や規則に沿って自分の行動を評価するようになる。自分の行動
が基準や規則に沿っていれば，誇らしさを感じる。たとえば，子どもが何かをでき
るようになった時に「見て！」と要求し，その行為を繰り返すような時に，誇らし
さを表現している。反対に基準や規則から外れていると評価すれば，恥や罪悪感を
抱く。失敗した時や，してはいけないことをしてしまった時に，目をそらすなどの
気まずい様子をみせるのは，恥や罪悪感の表現である。これらの感情を自己評価的
感情という。自己意識的感情や自己評価的感情は，自己意識や他者からの期待や社
会的基準など，自己と他者とがかかわっている感情であるため，二次的感情ともよ
ばれる。

　子ども自身の，身体機能の向上に伴う外界の広がりや，自己を意識したり，感情
を言葉で表現したりするという認知的能力などの発達に支えられ，養育者をはじめ
とするさまざまな他者との感情のやり取りを重ねる中で，複雑な感情が育っていく
のである。

7 自己制御の発達

　私達が社会の中で，他者と関係を結び円滑に生きていく上では，自分の意志や欲
求を明確に持ち，表現する自己主張と，それらを抑える自己抑制という二つの側面
のバランスを取ることが求められる。状況や相手に応じて，柔軟に自分の要求や感
情の表現を制御することを自己制御（self-regulation）とよぶ。

　この自己制御の発達の中で，自己主張が顕著となるのが 1 歳半以降の第一次反抗
期の時期である。自分の気持ちや要求を周囲の大人に受け止められる体験を重ねる
中で，徐々に大人の都合や周囲の状況に合せて，「本当はまだこれで遊びたいけど，
我慢しよう」という自己抑制が育ってくる。特に 3 歳以降には多くの子ども達は保
育園や幼稚園などの集団生活を送るようになるが，そこで日々自分の要求と他者の
都合や集団規則との葛藤に直面する経験が増え，保育者の援助を得ながら自己制御
を学ぶことになる。

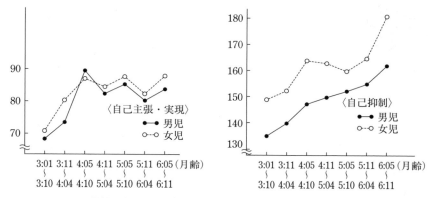

※縦軸は自己主張，自己抑制に関する具体的な項目の総得点

図7-3　自己主張と自己抑制の変化
（出所）柏木，1988

　幼稚園の担当教師が，集団場面での幼児の自己制御に関する行動について評定を行った研究（柏木，1988）では，自己主張は3〜4歳半頃に急激に発達するが，その後はほとんど変化がみられないのに対し，自己抑制は3歳以降就学前まで上昇を続けることが示されている（図7-3）。

　自己制御の発達の様相は文化によっても異なる。大人が子どもにどのような人間に育って欲しいと期待するかという発達期待や，社会で共有される価値観の影響を受けるためである。日本は，他国と比較すると人との協調が大事にされる文化といえる。東アジアの5つの都市に住む母親を対象に，子どもに将来どのような人になってほしいと思うかを尋ねた調査（ベネッセ教育総合研究所，2010）によれば，北京，上海，台北，ソウルでは「仕事で能力を発揮する人」「まわりから尊敬される人」「リーダーシップのある人」という回答が上位であったのに対し，東京では「友人を大切にする人」「他人に迷惑をかけない人」という回答が多かった。他者との協調に価値を置く社会では，周囲の大人は自己抑制を重視する育て方をするであろうし，反対に独立性や自律性に価値を置く社会では，自己主張を重視する育て方になるであろう。

　このように自己制御は，周囲の大人からの期待の影響を受けながら，子ども自身の言葉や認知的能力の向上や，他者との相互交渉の経験を通して，幼児期や児童期以降，生涯にわたり洗練されていく。

①第一次反抗期の子どもの特徴をまとめる。また，第一次反
　抗期は子どもの自己の発達において，どのような意味をも
　つのか考えをまとめる。
②自己制御とは何か，またその発達のプロセスや，発達に影
　響を及ぼすものについてまとめる。

参考文献

ベネッセ教育総合研究所（2010）幼児の生活アンケート・東アジア 5 都市調査.
　http://berd.benesse.jp/jisedai/research/detail1.php?id=3202

金丸智美（2017）　自己と情動の発達. 青木紀久代編「実践・発達心理学（第 2 版）」. み
　らい. pp.51-65

柏木惠子（1988）「幼児期における『自己』の発達」. 東京大学出版会

川田学（2012）　保育・子育ての今. 松本博雄 他著「0123　発達と保育―年齢から読み解
　く子どもの世界」. ミネルヴァ書房. pp.3-15

Keller, A., Ford, L.H., & Meacham, J.（1978）Dimensions of self-concept in preschool chil-
　dren. *Developmental Psychology*, 14, 483-489.

ルイス, M/高橋惠子監修, 遠藤利彦・上淵寿・坂上裕子訳（1997）「恥の心理学―傷つく
　自己」. ミネルヴァ書房

佐久間（保崎）路子・遠藤利彦・無藤隆（2000）　幼児期・児童期における自己理解の発
　達―内容的側面と評価的側面に着目して―. 発達心理学研究, 11, 176-187.

第8章
関わりの中での育ち

事前学習
> 私たちが，社会の中で他者と関係を築きながら円滑に生きる
> ために必要な知識や能力にはどのようなものがあるだろうか。
> 自分の考えをまとめる。

　私達は，相手の行動や表情を見て，この人は，怒っているのだろうか，疲れているのだろうかなどと，その人の内面で感じていることや状態を推測する。このような推測をもとにして，自分の行動や言葉を考えることでお互いの関係を円滑に保つことができる。社会の中で他者と関係を築き円滑に生きる上で必要な知識や能力を身につけることを社会性という。この章では，社会性の土台となる力を子どもがどのように獲得していくのかについて考えていく。

1 感情の理解

　2歳頃から，「お母さんといっしょで，うれしい」「おばけ，こわいな」など感情を表す言葉を話し始める。また，2，3歳頃には感情語に対応させた表情の写真や絵をみせると，喜びや悲しみなどの基本的な感情であれば，答えることができる。感情が生じる理由についての理解も，3歳児は，喜びの理由は望ましい状態を達成できたからであり，悲しみや怒りの理由は望ましくない状態を回避できなかったからと考えることが可能である。

　さらに，3，4歳になると，実際の自分の内的状態をそのまま示すのではなく，状況や相手に応じて，それにふさわしいとされる表情や行動を表すという，社会的表示ルールに従うようになる。たとえば，子どもが実験者の作業を手伝ったお礼として，魅力的でない玩具をもらった場合に，子どもだけで包みを開けて玩具を見る条件では，明らかにがっかりした表情を見せるのに対し，実験者の前で包みを開け

る条件ではがっかりした表情ではなく，微笑を浮かべることが示されている（Cole, 1986）。

　幼児期後期になると，実際の感情が隠される場合もあることや，隠すことの意味についても理解することができるようになる。ある研究で「ダイアナは，外に行きたいけどお腹が痛い。しかし，もしそれをお母さんに言ったら，外へ行かせてもらえないから，外へ行くために，感じていることを隠そうとしている」というストーリーを4歳児と6歳児に示し，主人公の見かけの感情と本当の感情について，「喜び」「悲しみ」「普通」の表情を示した図の中から選択し，その理由づけをすることも求めた（Harris ら，1986）。その結果，6歳児は見かけの感情と本当の感情の区別をした上で，「お母さんに知られたくなかったから」という理由をあげることができていたが，4歳児では両者の区別はできず，理由をあげることもできなかった。このような見かけの感情と本当の感情との区別が可能となることには，他者が考えていること（他者の信念）を理解する能力がかかわっている。

2 信念の理解

　直接に捉えることができる相手の表情や行動を手がかりにして，その背後にある他者の心の働き（感情，願望，信念など）について推論することを心の理論（theory of mind）とよぶ。

　2歳頃から自分や他者の欲求（〜したい）について話し，欲求が行動を引き起こし，人によって欲求が異なることを理解する。さらに4歳頃からは，信念（〜と考えている，〜と思っている）についても話すようになり，他者の行動を信念の観点からも理解できるようになる。

　そして，立場によって信念には違いがあることや，現実とは異なる信念（誤信念）によっても，人の行動が左右されることを理解できるようになる。このような状況を課題としたものが，誤信念課題[注1]とよばれるものである。その代表的なも

注1）誤信念課題にはいくつかの種類がある。たとえば「スマーティー課題」がある。スマーティーという，筒状の容器に入っているお菓子の箱を子どもに見せ，何が入っているかを尋ねると，子どもは「スマーティー」と答える。しかし実際には鉛筆が入っており，それを子どもに見せる。その後に「最初，この箱を見たとき，あなたは何が入っていると思いましたか？」という記憶質問をする。さらに，「箱の中を見ていない友達，○○ちゃんは，この箱を見たら何が入っていると思うでしょうか？」と他者信念質問をする。この課題は子どもが自身の過去の誤信念を思い出し，自分の信念の変化を理解しているかをみることができる。記憶質問，他者信念質問とも，3歳児は正しく回答できないが，4歳以降になると正解できる子どもが増える。

のに「サリーとアンの課題」がある（図8-1）。「サリーはビー玉をかごに入れて
外に出かけました。アンはサリーがいない間にビー玉をかごから取り出して箱にし
まい，外に出かけました。さてサリーが帰ってきました。サリーはビー玉で遊びた
いと思いました」という話を聞かせ，「サリーはどこを探すかな？」と尋ねる。3
歳頃までの子どもは，自分が知っている現実である「箱を探す」と答えるが，4歳

図8-1　人形を用いたサリーとアンの実験

頃から，ビー玉をかごに隠したサリーは，アンがビー玉を箱に移したことを知らず，ビー玉はかごにあるという誤信念を持っていることを理解し，「かごを探す」と正しく答えることができる。4，5歳頃には，他者が誤信念によって行動することもあることを理解することで，誤信念課題に正解できるようになり，心の理論を獲得したとされる。

3 道徳性の発達—ピアジェの理論—

　社会性に関連するものとして，社会的規則に従おうとする心理的なメカニズムである道徳性が挙げられる。ピアジェは，道徳性の発達を，子どもの認知的側面の発達と関連づけて検討した。彼は，次のような話を子どもに聞かせた。①ジャンは，食事に呼ばれて部屋に入ろうとドアを開けた。すると，ドアの後ろにコップがのったお盆があるのを知らずにひっくり返してしまい，15個のコップを割ってしまった。②アンリは，お母さんの留守に戸棚のジャムを食べようとイスにのって手を伸ばしたところ，コップに手が当たって落としてしまい，コップ1個を割ってしまった。ピアジェはこのような例え話を用いた臨床法によって，子どもの善悪の判断や理由づけを調べた。その結果，9歳頃までは，結果論的判断（被害の大きさ）によって①のジャンのほうが悪いと答える子どもが多く，9歳以降になると動機論的判断（盗み食いしようとした）によって②のアンリのほうが悪いと答える子どもが多くなると考えた。その理由としては，この頃から自己中心性を脱し，多様な視点に基づいて物事を判断できるようになることが挙げられる。

　また，ピアジェは子ども達がルールをどのように捉えているかということについても研究をした。ルールに対する尊敬の仕方が9歳頃を境に，大人が決めたことに頑なに従う他律的で一方的尊敬から，仲間と協同して作ったルールを尊重する自律的な相互的尊敬へと変化するとした。この変化は，脱中心化という認知的発達の影響に加え，友達同士の関わりの中でのさまざまな経験を重なることによって生じるとされる。

4 道徳性の発達—コールバーグの理論—

　コールバーグは，ピアジェの理論を引き継いで道徳性の発達について研究を行った。コールバーグは，人は道徳的判断をする上での枠組みを持っており，それは発達に伴い質的に変化するとした。道徳的価値が葛藤するジレンマに対する理由づけをもとに，3水準6段階からなる発達段階を提唱した（表8-1）。

表8-1　道徳性の発達段階(Kohlberg, 1969)

水　準	段　階	概　要
前慣習的水準	1：罰と服従への志向	苦痛と罰を避けるために，おとなの力に譲歩し，規則に従う。
	2：道具主義的な相対主義	報酬を手に入れ，愛情の返報を受ける仕方で行動することによって，自己の欲求の満足を求める。
慣習的水準	3：対人的同調，「良い子」志向	他者を喜ばせ，他者を助けるために「良く」ふるまい，それによって承認を受ける。
	4：「法と秩序」志向	権威（親・教師・神）を尊重し，社会的秩序をそれ自身のために維持することにより，自己の義務を果たすことを求める。
後慣習的水準	5：社会契約的な法律志向	他者の権利について考える。共同体の一般的福祉，および法と多数者の意志により作られた標準に従う義務を考える。公平な観察者により尊重される仕方で行為する。
	6：普遍的な倫理的原理の志向	実際の法や社会の規則を考えるだけでなく，正義について自ら選んだ標準と，人間の尊厳性への尊重を考える。自己の良心から非難を受けないような仕方で行為する。

(出所)二宮，2007

　道徳的価値の葛藤の例として「ハインツのジレンマ」がある。これは「ハインツは，癌で死に瀕している妻のために，最近開発された特効薬を手に入れようとした。しかし，その薬は非常に高価で，ハインツが懸命に工面してもその半額ほどしか集まらなかった。訳を話して値引きや後払いの交渉をしたが，売ってもらえなかった。思いつめたハインツは，ある夜，薬を盗みに押し入った。さて，ハインツは盗むべきだっただろうか，また，どうしてそう思うのだろうか」という問いである。

　ハインツが盗むべきか否かの判断そのものではなく，その判断の理由づけを焦点とし，3つの発達水準があるとした。第一水準は，刑務所はかわいそう，などのように規則に関しては考慮せず，自分の快・不快や損得に言及するものである。第二水準は世間体や社会の規則を基準とし，第三水準は良心，正義，人間の尊厳などの原理に言及をするものである。コールバーグは，このような質的な発達変化は，現在持っている枠組みに矛盾や現実とのずれを感じた時に生じるとし，さらに発達段階は様々な社会や文化に共有するものであると主張した。

5 共感性や向社会的行動の発達

　私たちは，他者を思いやる行動をすることによって，他者と関係を築きながら社会の中で生きることができる。援助，分与，慰め，世話という，他者に利益をもたらす自発的な行動は，向社会的行動とよばれる。これらの行動を引き起こすものとして共感性が挙げられる。

　共感性は，他者の感情や他者のおかれている状況を認知して，他者と同じような感情を共有することである。つまり，他者の感情を知覚して，どのような感情であるかを理解するという認知的側面と，自分自身が他者の感情と同じ感情を感じるという感情的側面という 2 つの側面がある。

　他者の苦痛に出会った際，苦痛を感じている他者を見ることで自分自身が苦痛を感じる「共感的苦痛」と，他者の苦痛に同情する「共感的関心」という 2 種類の感情が生じる。向社会的行動につながりやすいのは後者の感情である。

　共感性の発達の過程としてホフマン（2001）は，共感的苦痛から，向社会的行動を動機づけるような共感へと段階的に変化するとした。まず，新生児期には，他の乳児の泣きに反応して泣く感情伝染がみられる。1 歳前後までは自他が分化していないために，指しゃぶりをするなどの自己を慰める自己中心的な共感反応を示すようになる。1 歳後半になると，自他分化が始まることで，相手を慰めるような行動も現れるようになる。さらに，2，3 歳頃には，泣いている子どもに，その子どもの母親を連れて行ったり，お気に入りの玩具を届けたりするという，より洗練された向社会的行動へとなっていく。これは，相手の立場から物事を考え判断する役割取得という認知能力が芽生えたために可能となる行動である。

　役割取得能力は，共感性の中の認知的側面に相当するものであり，①自己と他者の視点の違いを意識する　②他者の感情を推測できる　③ ①と②に基づいて自分のとるべき行動を決定する，という 3 つの要素から成る。幼児期ではその能力は未熟であり，児童期以降青年期にかけて，次第に多様な視点を考慮しながら自分自身の視点を理解し，自分の取るべき行動を判断することができるようになっていく。

6 児童期以降の向社会的行動

　児童期以降には，仲間とのやり取りの中で，仲間への向社会的行動は年齢とともに増加していく。小学 5 年生の日常の学級生活の中で行われる向社会的行動を観察によって明らかにした研究によれば，わからない問題を教える，学用品や教材を貸す，物を拾ってあげるという行動が多いこと，男子よりも女子で向社会的行動が多

いこと，異性よりも同性の子どもへの向社会的行動が多いことが示されている（広田，1995）。

　向社会的行動は年齢とともに増加していくが，その種類によって年齢的変化の様相が異なることも示されている。たとえば，緊急援助行動は，小学高学年から中学生にかけて減少し，その後高校生になると増加する（Midlarsky & Hannah, 1985）。小学高学年から中学生にかけて減少するのは，援助を拒否されるのではないか，あるいは援助を受ける相手にとって迷惑かもしれないなどを心配することで生じる。

　向社会的行動は，共感性や道徳性と密接に関連し，これらは自他の区別をつけ，他者の視点に立つことができるという認知的側面の発達に伴って洗練されていくことをみてきた。このような認知的発達に支えられると同時に，子ども達が仲間とかかわる中で，実際に自分が他者から援助を受けたり，養育者や教師などの大人が行う援助行動を観察したり，さらには援助する理由やその結果を話し合うなどの経験を重ねる中で，向社会的行動は育まれていく。

事後学習

①心の理論があることで，私たちはどのようなことができているだろうか。自分の考えをまとめる。
②子どもの向社会的行動が増えるためには，子どものどのような側面の発達が必要であるか，さらにどのような周囲の働きかけが必要であるかをまとめる。

参考文献

Cole, P.M.（1986）　Children's spontaneous control of facial expression. *Child Development*, 57, 1309-1321.

濱口佳和（2003）　人のために何かしたい．櫻井茂男・濱口佳和・向井隆代著「子どものこころ―児童心理学入門」．有斐閣．pp.178-197

Harris, P.L., Donnelly, K, Guz, G.R. & Pitt-Watson, R.（1986）　Children's understanding of the distinction between real and apparent emotion. *Child Development*, 57, 895-909.

広田信一（1995）　教室における自発的愛他行動の観察的研究．教育心理学研究，43, 213-219.

ホフマン，M.L／菊池章夫・二宮克美訳（2001）「共感と道徳性の発達心理学―思いやりと正義のかかわりで」．川島書店

Midlarsky, E. & Hannah, M.E.（1985）　Competence, reticence, and helping by children and adolescents. *Developmental Psychology*, 21, 534-541.

二宮克美（2007）　思いやり行動と社会的発達.　南徹弘編「発達心理学」.　朝倉書店. pp.189-201

ピアジェ, J./大伴茂訳（1954）「児童道徳判断の発達」.　同文書院

第9章 児童期における思考の発達

事前学習

- ・大学生であるあなたの学習意欲が高まるのは，どのような時であるか，自分の考えをまとめる。
- ・児童期の子どもの学習への意欲を高めるには，どのような方法があるか，自分の考えをまとめる。

　ピアジェは児童期の認知は，前操作期（2〜7歳頃），具体的操作期（7〜11歳頃），形式的操作期（11歳〜）という3つの段階を経て発達するとした。ここでの「操作」とは，実際に自分の手足や身体を使うことなく，頭の中で物事をイメージしながら論理的に思考できるということである。つまり，ピアジェの認知発達の理論は，幼児期はまだ論理的な思考の前の段階であり，小学校低学年から高学年になるにつれて論理的な思考が可能となることを意味している。

1 論理的思考の前の段階

　まず幼児期から小学生1年生頃までの前操作期では，表象（イメージ）を使って考えたり行動したりできるようになるものの，頭の中だけで論理的に考えることは難しい。ピアジェは，自分の視点からだけ物事を見るという自己中心性をこの時期の子どもの思考の特徴の一つとし，それを「3つの山問題」によって示した（図9-1）。これは，高さや形の異なる3つの山の模型の，ある位置に子どもを座らせ，その位置とは異なる位置に座る人形からの光景を，何枚かの絵の中から選ばせるという課題である。この課題で前操作期の子どもは，自分の位置から見える光景の絵を選択する傾向がある。つまり，まだ頭の中で人形の視点に立って回答することが難しいのである。

　さらにピアジェは，対象物の見かけによって判断するという直観的思考も前操作

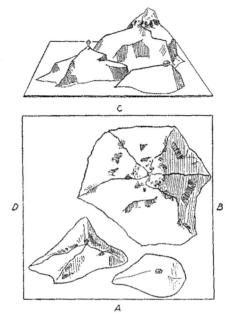

図9-1　3つの山問題
(出所)Piaget & Inhelder, 1956

期の特徴として挙げ，これを保存課題によって示した。液量の保存課題では，同じ
大きさと形の2つの容器に同じ量の液体を入れ，子どもに同じであることを確認す
る。その後，子どもの目の前で片方の水を細長い容器に移し，どちらが多いかある
いは同じであるかを尋ねると，前操作期の子どもは水位の高さという見かけのみに
着目するため，細長い容器の方が多いと回答する。

　この時期には，生命のないものや自然現象に生命や意識があると考えるアニミズ
ム的思考という特徴もみられる。

2 論理的な思考への移行

　具体的操作期になると前操作期の自己中心性から卒業していき（脱中心化），他
の人の視点や立場からも物事を考えることができるようになる。数，長さ，量，重
さの保存課題に対しても，新たに加えたり，取り去ったりしないかぎり変化しない
こと（同一性の法則）や，元に戻せば最初の状態に戻ること（可逆性の法則）を理

解し，正しい回答を導き出す。また，ある基準に従って並べるという系列化も理解するため，たとえば背の高さ順に並ぶ時に，身長という基準を使って並ぶことが可能となる。それ以外に，事物の部分と全体の関係についても正しく理解できるようになる。しかし，まだこの段階では具体的な事物に結びつけた上での論理的な思考という限界がある。

　小学生低学年の「生活科」という教科では，子ども自らが体験した活動や身の周りの人との関わりの中から，自然に関する知識や自己への気づきなどを深めることがねらいとされている。それは，この年齢の子ども達の，論理的な思考が具体的な事物に結びついて発揮されるという特徴を考慮しているためである（滝口，2009）。

　次の形式的操作期になると，具体物や自分の経験を超えた，仮説的・抽象的な状況でも論理的な思考が可能となる。「人間は象より大きく，象は家よりも大きいとすると，人間は家よりも大きい」ということは，私たちが日常生活で経験する中で得た知識とは矛盾する記述である。しかし形式的操作期の子どもは，前提から導かれた，論理的に正しい結論であることが理解できる。また，今ここにあるものに限定されずに，ありうる場合の組み合わせを想定した推論を系統的に行うこともできるようになる。

　論理的な問題が解けるというだけではなく，社会の成り立ちや世の中の出来事などにも関心が高くなっていき，対人関係についても深く考え始めるようになる（渡辺，2011）。さらに，この時期には創造性も広がる。具体的操作期の9歳の子ども達と，形式的操作期の11歳の子ども達に，「もし3つ目の目をもらえるとしたら，身体のどこにあるといい？」と問いかけ絵で描くように教示をすると，9歳では2つの目の間に置く子どもが多いのに対し，11歳では頭の上や掌に描くなど独創的な絵を描く子どもが多いことを示す研究もある（渡辺，2011）。

3 学びを支える

　このように児童期の子ども達の認知的な発達は3つの段階に分かれるため，学習内容も各段階に合ったものへと変わっていく。その中でも特に，具体的操作期から形式的操作期への移行は，具体的な事物に結びつけた思考から抽象的な思考へと変わるという大きな質的変化の時期である。この時期の移行の難しさを表現する言葉に「9歳（10歳）の壁」[注]がある。たとえば算数の学習内容も小学4年生以降になると小数，分数，図形の面積など抽象的な思考を求められる概念が多くなるため，学習においてつまずきを見せる子どもも目立ってくる。

　子ども達の学びをどのように支援するかという点について，ヴィゴツキーは発達

の最近接領域という概念を提唱した。子どもには自分一人だけでもできる領域があり，そこが現在の発達水準となる。それに対して，大人が手伝ったりヒントを与えたりすることで可能となる水準を潜在的な発達水準とし，現在の水準と潜在的な水準との間のことを，ヴィゴツキーは発達の最近接領域と名づけた。この最近接領域において，大人の援助のもとで子どもが学習を一定の期間繰り返すことによって，潜在的な水準が次にはその子どもが一人で解決可能な領域となっていく。ヴィゴツキーは，教育とは子どもの発達の最近接領域に働きかけることによって，新たな発達の可能水準が生まれることとした。

　具体的操作期から形式的操作期への移行段階である9歳から10歳においては，経験に基づく具体的思考を徹底的に深め，抽象的思考との往復を繰り返し積み重ねることが重要とされる（NHKエデュケーショナル，2010）。そのプロセスの中で，教師や養育者などの大人がそれぞれの子どものつまずきを見極め，その時点で適切な援助を与えることによって，子どもは徐々に抽象的な思考を獲得していく。

４ 学習の個人差

　私たちが暗算をする際，まず頭の中に数字を保持し，次に計算のルールに従って計算をする。このような，頭の中に一時的に情報を保持し，同時に処理をするシステムは，ワーキングメモリー（作動記憶）という概念で表現される。このワーキングメモリーは，計算だけではなく文章を読んで理解することや，教師の指示に従って問題解決をすることなど，学校での学びの多くに関わる。

　ワーキングメモリーの容量は，児童期から青年期にかけて増加するが，同年齢の子どもであってもその容量には大きな個人差がある。7歳の上位10％の子どもは10歳児の平均に相当する一方で，7歳児の下位10％の子どもは4歳児の平均を下回る。つまり同じ7歳児の通常クラスでも，ワーキングメモリー容量では6歳の年齢幅という大きな個人差が存在するのである（ギャザコール・アロウェイ，2009）。

　ワーキングメモリーの容量が小さい子どもは，教師からの指示を的確に理解できないために，集中が途切れて落ち着きをなくしたり，何度も同じことを繰り返すた

注）9歳の壁：1964年に聾学校長の萩原浅五郎氏が，聴覚障害児が9歳頃に学習の上で困難を示すことが多い現象を「9歳の峠」と表現したことに始まるとされる。聴覚障害児は音声での言語表現を補うため，身振りを伴う手話を用いるが，手話で抽象的な概念を伝えることは限界がある。また，抽象的な概念を理解するためには，言語を思考の手段として使用する必要がある。そのため，言語に制約を持つ聴覚障害児は，具体的な思考から抽象的な思考への移行に難しさを抱えることになる。

めに問題を解くことに時間がかかってしまったりするなど，学校での学びにおいて多くの困難を抱える。したがって，国語，算数，理科という主要教科の成績は，ワーキングメモリー容量の大きい子どもよりも低く，ワーキングメモリー容量が小さいことは学習遅滞のリスク要因となる（ギャザコール・アロウェイ，2009）。このような子どもに対しては，たとえば，一度に伝える情報を少なくする，与える情報を視覚情報として提供する，短い言葉で簡潔に指示を伝える，記憶の補助教材を使用するなど，ワーキングメモリーの負荷を減らすための配慮が必要となる（湯澤ら，2013）。

5 思考の深まり

　子どもは年齢とともに論理的な思考能力を高めていく。子どもの思考力を高める上で必要とされる能力がメタ認知といわれるものである。「メタ」には「それより高次のもの」「関するもの」という意味があるため，メタ認知とは「認知に関して認知する」こととされる。

　メタ認知は，メタ認知的活動とメタ認知的知識とに分けることができる（三宮，2008）。前者は自分の認知状態に気づき（モニタリング），目標を設定・修正する（コントロール）ことであり，後者は自分自身の認知についての知識や，人間一般の認知の特徴についての知識である。たとえば，テスト問題を解く時に最初の問題から始めるのではなく，まず全体の問題をざっと読み，簡単に解けそうな問題から解いたほうが効率的であると判断し実行する場合を想定してみる。どの問題が簡単に解けそうか，難しそうかと確認することや，どの問題から解くかを計画することはメタ認知的活動である。一方，「簡単に解けそうな問題から解いたほうが効率的である」と方略を知っていることや，自分の理解の程度を把握していることはメタ認知的知識である。メタ認知的活動とメタ認知的知識が連動して働くことで，メタ認知としての機能を発揮する。

　メタ認知は幼児期では十分には機能せず，児童期を通じて発達していき，中学生以降の青年期も発達が続く（林，2012）。メタ認知は，質問や復習という子ども達にとってなじみのある行為に加えて，子ども同士での議論や教え合い，授業の振り返りなどによっても向上させることができる。

6 子どもの学ぶ意欲

　認知力が発達をしていったとしても，子どもが自分で学ぼうという意欲を出さな

ければ，学習は効果的に行われない。ある行動を引き起こし，その行動を持続さ
せ，一定の方向に導く過程を動機づけという（桜井，2003）。動機づけには，学び
たいから勉強するなど，自発的な取り組みそのものが目標となる内発的動機づけ
と，他の欲求を満たすための手段として行動をしようとする外発的動機づけがあ
る。学習の場合の外発的動機づけは，報酬や罰という外的なものがなくなれば勉強
しなくなるため学習が長続きしない。一方内発的動機づけでは，知りたいという好
奇心や，もっと上手になりたいという向上心をもとにしているため，学習は長く続
くことになる。

　内発的な動機づけが，外発的動機づけを操作することによって阻害されることは
アンダーマイニング現象と呼ばれ，実験によっても明らかにされている。レッパー
らの実験（Lepper, et al, 1973）では，絵を描くことが好きな幼稚園児を，絵が上手
に描けたら褒美をあげると約束され，実際に褒美を与えられた条件，約束はされず
に描き終えてから褒美を与えられた条件，約束もされずに褒美も与えられなかった
条件の3つに分けた。その1〜2週間後の自由時間に子ども達が絵を描いた時間を
調べると，褒美を約束された条件の子ども達は，他の2つの条件の子ども達よりも
短いことが示され，当初の内発的動機づけが低下したという結果となった。褒美を
与えることを約束されると，子どもは褒美をもらうために絵を描くという気持ちに
なり，絵を描くことが褒美をもらうための手段になってしまったためと考えられ
る。この実験からは，既に学習意欲がある場合には，褒美などの外的報酬の約束は
内発的動機づけを低くする可能性があることがわかる。

７　学習意欲を育てる

　それでは内発的な学習意欲を高めるためには何が必要なのだろうか。櫻井（1997）
は，デシとライアン（Deci & Ryan）の自己決定理論をもとに，内発的学習意欲の
発現プロセスのモデルを提唱している（図9-2）。まず，内発的学習意欲を支えて
いるものとして有能感，自己決定感，他者受容感を挙げている。有能感とは，自分
はできるという気持ちである。成功経験を多く重ね，そのつど周囲の大人が適切に
ほめることで，子どもの有能感は高まる。自己決定感とは，自分のことは自分で決
めているという気持ちである。他者からの指示でやらされることよりは，自分の意
志で決めたことのほうが意欲は出る。他者受容感とは，まわりの大切な人から受容
されているという気持ちである。自分のことを認めてくれる人がいること，自分を
見守ってくれる人がいるという実感によって，安心して学ぶことができる。した
がってこの他者受容感は，有能感と自己決定感の土台となるものといえる。

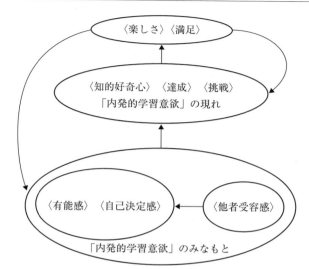

図9-2　内発的学習意欲の発現プロセス
（出所）櫻井，1997

　この3つの要素が源ととなり，知的好奇心，達成，挑戦という学習行動となって現れていく。内発的な意欲があることで，様々なものに興味を持ち，他者から指示されなくても自分で情報を集め，最後まで自分の力でやり抜こうともする。また，自分が今できる課題よりも少し難しい課題に挑戦しようとしていく。そのようになれば，学ぶことに楽しさを感じるという，内発的学習意欲の到達点に至る。その感情が，有能感，自己決定感，他者受容感という意欲の源や，知的好奇心，達成，挑戦という学習行動へとフィードバックされていく。

①ピアジェの認知発達理論の，前操作期，具体的操作期，形式的操作期の特徴についてまとめる。
②子どもの思考に関連が深いワーキングメモリーとメタ認知についてまとめる。さらに，ワーキングメモリー容量の小さい子どもへの配慮と，メタ認知を向上させるための方法についてまとめる。
③アンダーマイニング現象の定義と，代表的な実験の結果及びその解釈についてまとめる。

参考文献

ギャザコール.S.E.・アロウェイ.T.P./湯澤正通・湯澤美紀訳（2009）「ワーキングメモリーと学習指導―教師のための実践ガイド」．北大路書房

波多野完治（1965）「ピアジェの発達心理学」．国土社

林創（2012）「メタ認知」から考える「教える」ということ―子どもにも教員自身にも必要なこと．発達，130．ミネルヴァ書房．pp.18-26

Lepper, M.R., Greene, D. & Nisbett, R.E.（1973）Undermining children's intrinsic interest with extrinsic reward : A test of the "overjustification" hypothesis. *Journal of Personality and Social Psychology*, 28, 129-137.

NHKエデュケーショナル（2010）「『10歳の壁』プロジェクト報告書」．NHKエデュケーショナル教育部

Piaget, J. & Inhelder, B（1956）*The Child's Conception of Space*. Routledge and Kegan Paul.

櫻井茂男（1997）「学習意欲の心理学―自ら学ぶ子どもを育てる」．誠信書房

櫻井茂男（2003）　なんで「やる気」が出ないの．櫻井茂男・濱口佳和・向井隆代著「子どものこころ　児童心理学入門」．有斐閣アルマ．pp.122-141

三宮真智子編（2008）「メタ認知―学習力を支える高次認知機能」．北大路書房

滝口圭子（2009）　生活科と「調べ」学習．心理科学研究会編「小学生の生活とこころの発達」．福村出版．pp.72-83

渡辺弥生（2011）「子どもの『10歳の壁』とは何か？乗りこえるための発達心理学」．光文社新書

湯澤美紀・河村暁・湯澤正通編（2013）「ワーキングメモリーと特別な支援――一人ひとりの学習のニーズに応える」．北大路書房

第10章 思春期・青年期の心と体

事前学習 思春期および青年期とは何歳頃が該当するのか，また，この時期の心理的特徴について，本章，書籍やインターネットなどで調べる。

児童期が終わると，心身とも大きく変化する思春期・青年期に入っていく。

思春期は第二次性徴が現れ，身体や情緒が変化するという点を強調する時に使う。青年期はその時期も含みながらも，思春期の後に続く心理的に安定するまでの時期である。どちらも子ども時代から大人時代への移行期ということになる。この章では，思春期を主に中学生とし，青年期を高校生から大学生の時期とする。

1 思春期の発育

身体的発達の中でも，最も顕著な身長の発達から見ると，女子では 8 歳〜 10 歳，男子では 10 歳〜 12 歳に年間発育量の大きな増加がある。このような急激な身体的発達は，胎児期から出生後の 1 年間にかけての第一発育急進期と，思春期の第二発育急進期と人生で 2 回存在し，後者は思春期スパートとよばれる。性ホルモン分泌によって，女子では初潮（初経），皮下脂肪の増加や乳房の発達，男子では精通，筋肉の増加や変声という第二次性徴が現れる。

この 1 世紀ほどで，親の世代よりも子どもの世代のほうが身長・体重が増大すること（成長加速現象）や，第二次性徴発現が低年齢化すること（成熟前傾現象）が生じており，これらを発達加速現象という。この原因としては栄養状態が改善されたことや，性的刺激の増加が考えられているが，現在ではかなり加速も落ち着いており，身長変化でみると 1997 年〜 2001 年度をピークとして横ばいの状態となっている。現在は女子の平均初潮年齢は 12 歳であり，男子の精通はそれよりも 1 〜 2

年後であるため，多くは小学校卒業前後で第二次性徴を迎える。しかし，第二次性徴出現が早い子どもは小学校高学年で始まるのに対し，遅い子どもは中学卒業前後という場合もあるように，第二次性徴の発現は個人差が大きいことが特徴である。したがって子ども達が持つ自分の身体や自己へのイメージは，第二次性徴発現の時期によって異なることが想定される。

2 性的成熟に対する心理的受容

　思春期に起こる性的成熟を本人達はどのように受け止めているのだろうか。1983年と 2004 年の調査結果（表 10-1）からは，否定的反応については，2004 年では1983 年よりも，女子で乳房発達と発毛で増えている以外では，減少している。また，肯定的反応についても男女ともすべてにおいて減少しており，その結果中間的反応が増加している。2004 年の調査結果からは，女子では発毛や初経に対して否定的反応が 4 割を超えている一方，男子ではどの項目に対しても 8 割ほどが中間的反応であり，否定的反応は 1 割程度であることが示されている。これらの結果からは，性的な成熟の受け止め方には時代的背景の影響を受けること，男女差が大きいことがわかる。

表 10-1　性的成熟に対する心理的受容度（%）

			肯定的反応	中間的反応	否定的反応
女子	乳房発達	2004 年調査	11.8	70.6	17.6
		1983 年調査	29.0	58.0	13.0
	発毛	2004 年調査	0.7	52.9	46.4
		1983 年調査	22.5	38.0	39.5
	初経	2004 年調査	7.5	50.2	42.3
		1983 年調査	35.7	18.6	45.7
男子	変声	2004 年調査	11.4	80.4	8.1
		1983 年調査	29.0	56.5	14.4
	発毛	2004 年調査	5.8	82.1	12.1
		1983 年調査	42.2	34.4	23.3
	精通	2004 年調査	8.2	79.1	12.7
		1983 年調査	50.0	30.0	20.0

注．肯定的反応は「とてもうれしかった」「すこしうれしかった」の合計。中間的反応は「どちらともいえない」。否定的反応は「とてもいやだった」「すこしいやだった」の合計。2004 年調査は上長（2008a），1983 年調査は斉藤（1987）による。
（出所）齊藤，2014

　女子の初経については，初経を迎えた時期によって，受け止め方は異なることを示す研究もある。川瀬（2006）は短大生を対象に，初経を迎えた時の気持ちについて尋ねた結果，遅発群は早発群と平均群よりも，「やっときたか」「ああよかった」という肯定的な気持ちを強く持ち，「いやだなあ」という気持ちが少ないことを明らかにしている。一方で，不安感や羞恥心については群による差異はないことも示し，初経教育上の問題や，性をタブー視する文化的要因を指摘している。

3 自己の認識

　思春期から青年期には，自己の認識もそれまでの児童期とは異なる特徴を持つようになる。児童期前半頃までは自分を肯定的に捉える傾向が強かったが，思春期以降には，他者の視点も取り入れることで，自分の否定的な側面についての自己理解が可能になってくる。それだけ現実的な自己像へと修正されることになる。

　認知発達的には形式的操作期（→第9章）に入るため，仮説的で論理的な思考が可能となり，自分の将来についても現実に即したものとして捉えることができるようになる。しかし，同時に現実と理想との乖離に悩んだり，将来の見通しのなさに不安を抱いたりすることで，自信のなさや不安感の高まりにつながりやすい面もある。

　また，他者の視点に立った思考が可能であるために，他者からの視線や認識を過剰に意識することも生じやすい。たとえば，自分が自身の容姿を気にしている場合には，他者も同じぐらい気にしていると思い，他者からどのように見えているのかを気にするが，現実には他者はそれほどその人の容姿について関心を持ってはいないということも生じうる。

　また，前述したように，この時期は身体的変化や性ホルモンの分泌などの影響によって心理的な不安定さが生じやすくなる。また，大人でもない子どもでもないという中途半端な時期であるため，大人からの自立と大人への依存との間で揺れ動くことが多くなる。このような気持ちの不安定さは，自己への否定的感情や，攻撃性などの他者への否定的態度となって現れやすい。

4 思春期・青年期の友人関係

　このような自己意識の高まりや，心理的不安定さに直面する時期に重要となるのが友人との関係である。思春期から青年期の友人関係の肯定的な働きとして宮下（1995）は，(1) 自分の不安や悩みを打ち明けることで，不安や悩みを感じている

のが自分だけではないという気持ちが持て，情緒的に安定感をもらえる。(2) 健全な友人関係の中で，自分の長所，短所に気づき内省する必要に迫られた結果，自己を客観的に見つめることができる。(3) 肯定的な経験だけではなく，傷つけ，傷つけられる経験なども含め，人間として良いこと，悪いこと，思いやり，配慮を学ぶことができる点を挙げている。

　年齢とともに友人関係の質は変わっていく。小学校高学年頃は，遊びや同じ行動を一緒にすることでの結びつきをもとにした仲間関係であるギャンググループが中心となる。思春期頃は，趣味や価値観など内面的なものの類似性を確認することでの結びつきをもとにした仲間関係であるチャムグループへと移行していく。さらに，高校生から大学生頃には，相互に違いを認め合いながら自立した個人としての結びつきであるピアグループへ変化していく。このように，思春期から青年期にかけての友人関係は，同質性を求める関係から，それぞれの異質性や個性を認め合う関係へと発達していく。

　一方，友人関係には肯定的な面ばかりではなく，思春期特有の不安定さや未熟さをお互いが持っているゆえに否定的側面が目立つ場合も多い。その代表的なものがいじめに発展していく関係といえる。意図的な無視，仲間はずれ，悪意のある噂を流すなど，仲間関係に対して意図的にダメージを与えることで他者を傷つけるという関係性攻撃は，教師などの大人の目に触れにくいために，エスカレートしやすい。特に近年では SNS などのメディアを使った関係性攻撃による被害が深刻化している。

　ギャンググループやチャムグループでは，お互いの同質性が重視されるため，少しでもそこから異なるものを嗅ぎ付けると，排除の方向に向かうことになる。したがって，内心では同意したくないと思っていてもグループから排除されたくない思いで同調してしまうという同調圧力を受け，本当の自分らしさを抑えつけているような居心地の悪さを感じる場合もある。

5　現代の思春期・青年期の友人関係

　現代の思春期・青年期の友人関係について，児童期後半のギャンググループが成立しなくなっていることが指摘されている。その背景には，遊び場が減少し，少子化によって集団サイズが小さくなったこと，一人遊びやゲームなどの静的遊びが中心となったこと，保護者の過保護や過干渉の一般化などが想定される。また，保坂(2010) は，ギャンググループの消失と入れ替わって，チャムグループが肥大化していること，それも薄められたチャムグループと表現するように，仲間はずれにさ

れないように，心理的距離を置いた表面的な行動レベルでの同調を特徴とすると指摘している。それに伴い，ピアグループへの移行も難しく，高校生でも薄められたチャムグループが目立ち，他者との異質性を認め合うというピアグループ的な関係が可能となる時期が遅くなっている。

　現代の思春期・青年期の特徴として，薄められたチャムグループと同様に，表面的には仲良しの関係を保っているものの，深入りしない関係を求める傾向があるとの指摘もある（児美川，2006）。友達づきあいの暗黙のルールとして，相手への配慮，相手に負担をかけない，不快な思いをさせない，内面には踏み込まないということがあり，その前提には，自分も傷つきたくないし，相手も傷つけたくないという優しい気遣いがある（土井，2008）。

　現代の友人関係の特徴として，きっかけ作りや関係維持のためのチャンネルが以前とは大きく変化していることが挙げられる。メールやSNSという情報ツールによるネットワーク作りでは，対面的なチャンネルと比べると格段に範囲は広がり，多くの人と友人になる機会が増えるという利点はある。浅野（2006）は，現代の青年たちの友人関係が他者を配慮しているということには，このような情報チャンネルを使うことで広がっていく人間関係において傷つけないように，細心の配慮をしているという繊細さであるとし，必ずしも否定的に捉える必要はないのではないかと指摘している。

6　思春期・青年期の恋愛関係

　性的成熟に伴い，異性への関心も高まる時期である。思春期での異性関係は，「恋に恋をしている」段階であり，恋愛感情を抱く対象はアイドルや漫画・アニメの登場人物などのように，非現実的な理想を持つ場合が多い。しかし，青年期に近づくにつれて性的関心が，デートやキス，性交という性的行動に結びついていく。

　安定し成熟した異性関係を持つことは，成人期になって可能となり，青年期では試行錯誤しながら関係を模索していく。青年期に特有な恋愛関係を，大野（1995）は「アイデンティティのための恋愛」とよび，「親密性が成熟していない状態で，かつアイデンティティ統合の過程で，自己のアイデンティティを異性他者からの評価によって定義づけ，また補強しようとする恋愛的行動」と定義している。自分を映す鏡として相手を使い，相手に映った自分の姿に最大の関心があるため，お互いに相手の幸せを目標とするよりは，自分に関心を持ってもらうことに集中する。その結果，次第に満たされない思いが溜まり，関係が続かなくなる。

　現代の青年たちは恋愛をしているのだろうか。国立社会保障・人口問題研究所の

18 歳〜 34 歳の未婚者を対象とした調査（2015）では，「交際している異性がいない」との回答者の割合が男性で 69.8%，女性で 59.1% と，5 年前の調査から上昇した。

　高坂（2010）の研究では，恋人とつきあうことで生じる青年自身への影響に関する尺度の中で，「時間的制約」「経済的負担」「他者交流の制限」などの因子が抽出されている。ここからは，恋愛することの否定的側面についても，現代の青年達は敏感になり，恋愛行動に対して躊躇している可能性もみえてくる。

⑦ 思春期・青年期の親子関係

　思春期・青年期は，親からの精神的な自立が発達的な課題であり，これを心理的離乳という。また，ブロス（1971）は青年期における親からの心理的自立を，マーラー（1981）の乳幼児期における分離個体化モデル[注]に対応させ，「第二の分離個体化」とよんだ。それまでの心理的土台であった親との情緒的関係から自立し，家庭以外の場所や他者に関心を向けることで，家族以外の他者との関係を再構築しつつ，社会の一員となるとした。

　従来から青年期は，物事の決定や自立を巡る親との葛藤が強く，親に対しての否定的態度が目立つ時期として第二反抗期ともよばれ，その葛藤や否定的態度の激しさから，疾風怒濤とも表現されてきた。しかし，1960 年代以降には，青年期の親子関係において激しい葛藤や反抗が典型的なものであるという捉え方は見直されてきている。たとえば，NHK 放送文化研究所が 1982 年から 2012 年まで時系列的に実施した調査（NHK 放送文化研究所，2013）によれば，中学生，高校生とも，父親，母親に対して厳しいと捉える傾向が減少し，やさしく物分りのよい親として捉える傾向が増加していることが示されている（図 10-1）。

　サントロックが近年の研究の動向を整理した表（表 10-2）では，現代でも親子の葛藤がまったくないわけではないが，激しい葛藤の時期は限られており，日常の中での些細な事柄を巡る葛藤が多いこと，親は青年期以降も重要なサポートの提供者であり愛着（アタッチメント）の対象であることや，親との関係を断ち切って仲間関係を作るのではなく，親との関係を土台としながら仲間関係へと移行していくことなどの捉え方が示されている。

注）ハンガリーの精神分析医のマーラー（Mahler, M.S. 1897-1985）は，誕生から 3 歳前後までの子どもの精神内過程について，母親との共生的状態からの「分離」と，子どもの自我や自己同一性の確立（「個体化」）という 2 つの側面から理論化した。

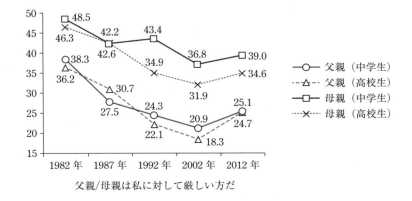

父親/母親は私に対して厳しい方だ

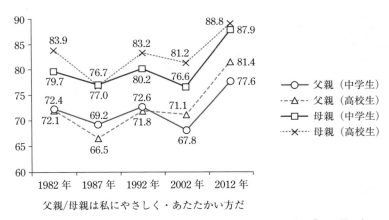

父親/母親は私にやさしく・あたたかい方だ

図 10-1　中高生からみた父親像・母親像：グラフ中の数字は「そう思う」と
　　　　　回答した％
（出所）NHK 放送文化研究所，2013 をもとに作成

　このような思春期・青年期の親子関係の変化は，従来のような親と子どもの間で
激しく対立する価値観や信念の対立が少なくなり，現代では両者で共有されること
が多くなったという時代の変化の表れともいえる。

表10-2　青年-両親関係に関する古いモデルと新しいモデル（Santrock, 2008 をもとに作成）

古いモデル	新しいモデル
・親からの分離，自律 ・親と仲間の世界は隔たっている ・青年期を通じて強くストレスフルな葛藤がある ・親子関係は日常的に疾風怒濤の状態である	・愛着と自律 ・両親は重要なサポートシステムであり愛着の対象である ・青年-両親関係と青年-仲間関係には重要なつながりがある ・適度な親子関係の葛藤が一般的であり，それが肯定的な発達を機能させる ・親子間の葛藤は思春期的発達の頂点で大きくなる

（出所）平石，2014

①小学生から現在の大学生までの，自分の友人関係を振り返り，それぞれの時期にどのような特徴があったかをまとめる。
②小学生から現在の大学生までの，自分の親子関係を振り返り，それぞれの時期にどのような特徴があったかをまとめる。

参考文献

浅野智彦（2006）　若者の現代．浅野智彦編．「検証・若者の変貌：失われた10年の後に」．勁草書房．pp.233-260

ブロス，P./野沢英司訳（1971）「青年期の精神医学」．誠信書房

土井隆義（2008）「友達地獄：『空気を読む』世代のサバイバル」．筑摩書房

NHK放送文化研究所（2013）「NHK中学生・高校生の生活と意識調査2012　失われた20年が生んだ"幸せ"な十代」．NHK出版

藤井恭子（2014）　恋愛関係．後藤宗理他編「新・青年心理学ハンドブック」．福村出版．pp.326-338

平石賢二（2014）　親子関係．後藤宗理他編「新・青年心理学ハンドブック」．福村出版．pp.304-314

保坂亨（2010）「いま，思春期を問い直す―グレーゾーンにたつ子どもたち―」．東京大学出版会

川瀬良美（2006）　思春期と月経．川瀬良美著「月経の研究―女性発達心理学の立場から―」．川島書店．pp.31-67

国立社会保障・人口問題研究所（2015）「第15回出生動向基本調査」．http://www.ipss.go.jp/ps-doukou/j/doukou15/doukou15_gaiyo.asp

児美川孝一郎（2006）「若者とアイデンティティ」．法政大学出版局

高坂康雄（2010）　大学生及びその恋人のアイデンティティと"恋愛関係の影響"との関連．発達心理学研究，21，182-191．

マーラー, M.S.・パイン, F.・バーグマン, A./高橋雅士他訳（1981）「乳幼児の心理的誕生―母子共生と個体化」．黎明書房

宮下一博（1995）　青年期の同世代関係．落合良行他編「講座生涯発達心理学4　自己への問い直し　青年期」．金子書房．pp.155-184

岡田努（2014）　友人関係．後藤宗理他編「新・青年心理学ハンドブック」．福村出版．pp.315-325

大野久（1995）　青年期の自己意識と生き方．落合良行他編「講座生涯発達心理学4　自己への問い直し　青年期」．金子書房．pp.89-123

齊藤誠一（2014）　身体的発達．後藤宗理他編「新・青年心理学ハンドブック」．福村出版．pp.138-148

第11章 大人になるということ
―成人初期の心の発達―

> **事前学習** 「大人になる」とは，どのようなことだろうか。自分自身の考えをまとめる。

　この章では，就学期間が終わり，社会人となる成人期の初期である20代から30代にかけての発達について考えていく。エリクソンの心理社会発達段階論では，自分とは何かを問うアイデンティティのテーマは，その前の青年期の課題とされるが，近年ではアイデンティティのテーマは青年期で終わるのではなく，生涯にわたり作り直していくものと捉えられている。成人初期のアイデンティティ形成に大きな影響を与えるのは，職業を選び働くということと，パートナーを選び結婚するということである。

1 アイデンティティの統合

　エリクソンは，青年期の発達課題をアイデンティティの統合とした。アイデンティティとは，自分自身の中で斉一性と連続性を感じることができるということに加え，それを他者からも認められるということである。斉一性とは，場面や関わる相手が異なっていても一貫して同じ自分だという感覚である。一方の連続性とは，過去，現在，未来にわたって時間的な連続性を持って自分を捉えることができるという感覚である。いずれも自分一人だけで感じているだけではなく，自分にとって重要な他者もそのように認めてくれていると感じることで，自信や安心感を得て社会の一員となっていく。

　それでは，アイデンティティを統合するとはどのようなことであろうか。私達は幼い頃からいろいろな自己を形作っていく。青年期になると，さまざまな自己について本当の自分にふさわしいものかどうかを検討しながら一つにまとめようとして

いく。中には現在の自分にはしっくりとはこない自己もあるであろう。そのような自己ではなく，現在の自分により合った自己をまとめていく。このような統合の感覚を持てない場合は，アイデンティティの拡散とされる。青年期は，アイデンティティの統合と拡散の間を揺れ動き，自分に合う役割や価値観とは何かということを探索し，どのような大人として生きようか，どのような人生を送るのだろうかと思索していく時期である。

　アイデンティティが統合されるまでには，自分に合う役割や価値観をさまざまに試しながら，模索するモラトリアム[注1]の時期がある。この時期には社会的責任は免除され，これからの生き方を様々に試すことができる。マーシャ（Marcia, 1966）は，信念や価値観などの人生の中で重要な領域において，探求の過程を経たのか，さらには探求の結果得たものに積極的に関与しているのかという2つの軸の組み合わせによって，アイデンティティの状態は4つの地位（アイデンティティ地位）に分類されると提唱した。探求を経ずに積極的に関与するものがある地位を「早期完了」，積極的に関与するものを見つけていないが，現在探求中である地位を「モラトリアム」，探求を経て積極的に関与するものを獲得している地位はアイデンティティ「達成」，積極的関与も探求もない地位はアイデンティティ「拡散」とされる。

　エリクソンやマーシャは，青年期において早期完了からモラトリアムを経て，アイデンティティ達成へと至ることで成人になるとしている。

2 職業選択の中でのアイデンティティ

　青年期から成人初期のアイデンティティに関連する重要なことは，職業を選択するということである。就職活動の中では，自分の関心や能力に向き合い，これまでの過去を振り返りつつ，将来どのような自分でありたいのかということが問われる。つまり，職業を選んでいく過程の中で，自分とは何かというアイデンティティを考え見直す機会が多くなる。たとえば就職活動の中で求められるエントリーシートの質問項目（表11-1）には，まさにアイデンティティを問うものが多い。就職活動は，さまざまな職業を調べ見学し，そこで働く様々な人たちの話を聞く中で，自身のアイデンティティを統合していく機会ともいえる。

　職業活動の結果，ある職業に就くということも，アイデンティティに影響を与え

注1）元来の意味は，債務者の破綻が社会に混乱を招くことが予想される場合，法令により一定期間，債務の履行を延期する措置である。エリクソンは，青年期と成人期を隔てる期間の延長として，社会的義務の遂行を猶予される期間を心理・社会的モラトリアムとした。

表 11-1　就職活動（エントリーシート）の質問項目例

・「あなたらしい」と思う学生生活での取り組み
・長所，短所について
・自分を一言で表すと？
・当社でやってみたい仕事は？
・あなたがめざす「社会人」とは？
・今，一番熱中していること
・趣味や特技

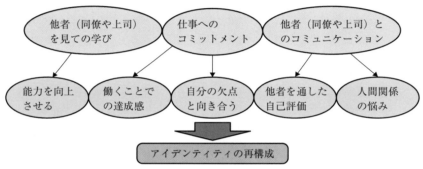

図 11-1　働くことを通したアイデンティティ形成

る（図 11-1）。一生懸命に仕事を覚えようとするなど積極的に関与することで，仕事への達成感を得ることができる。しかし，うまくいくことばかりではなく，自分の能力の限界や欠点を突き付けられる体験もある。同じ職場に勤め続けることで，長期にわたる人間関係ができてくると，日常的に同僚や先輩や上司とのコミュニケーションも生まれ，その中で仕事や性格についての評価をもらうこともある。当然職場での人間関係の悩みというものも生まれ，自分自身を振り返ることもあるだろう。したがって，職業を選べば，アイデンティティの統合が終わるのではなく，そこで一定期間安定的に働き続けていく中で，さらにアイデンティティが再構成されていくといえる。

　しかし現代は，終身雇用や新卒一括採用という「日本型雇用」は変容し，特に若年層の雇用形態は多様化しており，学校を卒業後に必ずしも正規雇用を得られるとは限らない。非正規雇用の割合は 15 ～ 24 歳の男性で 42％，女性で 45％，25 歳〜34 歳の男性で 16％，女性で 38％と，特に女性の場合には年齢が高くなっても非正規雇用の割合は一定数存在する（総務省，2017）。非正規雇用であり続けることは，

経済面や社会保障の不安定さだけではなく，職業が一定しないことからのアイデンティティ統合の難しさにもつながる。

3 成人初期の結婚意識

　エリクソンは成人初期の課題を親密性とし，特に異性と親密な関係を形成し，配偶者を選択することが課題となるとした。この親密性は，それぞれのアイデンティティが確立されていることが前提となるものであり，相手の個性を尊重し相互性を持った関係である。家族療法家のレーナー（1994）は，「関係の中で自分を犠牲にしたり裏切ったりせずに，相手を変えたり説得しようという要求を抱かずに，相手のその人らしさを承認し合えること」と表現している。親密性とは，単に仲が良い関係ということではなく，それぞれが自分らしさを大切にすることで互恵的な関係を営むことである（野末，2008）。エリクソンは，誰ともこの親密性を築くことができなければ，孤独という危機に陥るとした。

　近年は初婚年齢が男性で31歳，女性で29歳であり，50歳の時点での未婚者の割合である生涯未婚率は男性で23％，女性で14％と，晩婚化と非婚化の傾向が高まっている（国立社会保障・人口問題研究所，2017）。以前のように結婚することを当然とする意識が弱くなり，結婚に対する自由度が高まっているのである。現代では家事は外部化が可能となり，男女ともに仕事をすることで収入を得ているため，結婚することの利点としては，家族を得ることで精神的な安定を得ること以外にはあまりない時代ともいえる。「第15回出生動向基本調査」（国立社会保障・人口問題研究所，2015）の結果の中で，「結婚することの利点」（図11-2）について，男女とも「子どもや家族を持てる」を挙げる人の割合が年々増えていることにも，近年の成人初期の人たちの結婚への意識が表れている。

　しかし，同じ調査結果の中で，いずれは結婚したいという思いを持っている人の割合は男女とも9割近く存在することも示されており，現代の成人初期の人たちが結婚を望んでいないわけではないことがわかる。「独身にとどまっている理由」（図11-3）を見ると，男女とも18歳〜24歳の若い層では，「まだ若すぎる」や「まだ必要性を感じない」などの結婚する積極的な動機がないことが多く挙げられているのに対し，25歳〜34歳の年齢の高い層では，「適当な相手にめぐり会わない」など結婚の条件が整わないことへ重心が移っている。また，現在交際している人と，一年以内に結婚するとしたら何か障害になることがあるかをたずねたところ，男女とも「結婚資金」を挙げた人が最多であることから，結婚を考えている適当な相手がいたとしても，金銭面で不安を感じている人が多いことがわかる。

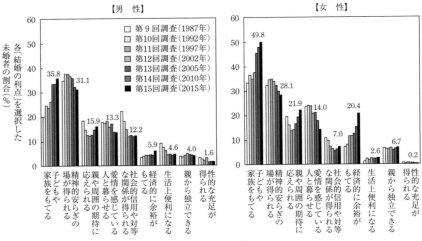

図 11-2　「結婚の利点」を選択した未婚者の割合
注：対象は 18 ～ 34 歳の未婚者。何％の人が各項目を主要な結婚の利点（2 つまで選択）として考えているかを示す。グラフ上の数値は第 15 回調査のもの。
（出所）「第 15 回出生動向基本調査」（国立社会保障・人口問題研究所，2015）

4 女性の就労

　女性にとって結婚，出産，子育てと仕事のバランスをどのように取っていくのかということは，人生の中で大きな選択となる。岡本（1994）は，現代女性のライフサイクルを一本の木として表現し，結婚，出産，子育て，仕事という側面において複数の選択肢があることを示している（図 11-4）。近年では結婚退職は減少しているが，出産後にも職業を継続する率は 38％（国立社会保障・人口問題研究所，2015）と，子育てと仕事の両立を選ぶ女性は過半数に満たないのが現状である。女性が出産，子育てをする 30 代に就労率が下がり，子育てが落ち着いた時期に再就職をする傾向が高いことは，年代別就業率における M 字型カーブ[注2] として知られている。

注2）日本人女性の年齢階級別の労働力率（15 歳以上の人口に占める求職中の人も含めた働く人の割合）をグラフで表すと，20 歳代でピークに達し，その後，30 歳代の出産・育児期に落ち込み，子育てが一段落した 40 歳代で再上昇し，アルファベットの「M」のかたちに似た曲線を描く傾向が見られる。「M 字型カーブ」とはこのグラフの形態を指し，日本人女性の就業状況の特徴を表す。

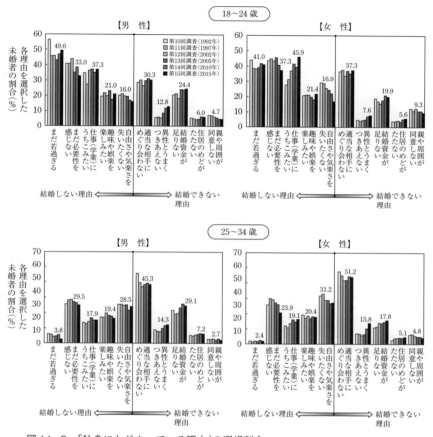

図 11-3 「独身にとどまっている理由」の選択割合
注：対象は 18 ～ 34 歳の未婚者。何％の人が各項目を独身にとどまっている理由（3
つまで選択）として挙げているかを示す。グラフ上の数値は第 15 回調査のもの。
（出所）「第 15 回出生動向基本調査」（国立社会保障・人口問題研究所，2015）

　現代では女性も自分という個を重視する傾向が強いが，結婚すると自分自身の関
心や都合よりも，配偶者や子どもの都合を優先させる傾向となる。ある調査では，
職業選択において重視することとして既婚女性は既婚男性などの他群よりも「育児
と両立できること」と「好きな時間に働ける」を選択する割合が高いことが示され
ており，既婚女性にとって仕事と育児とのバランスを取ることが大きな課題となっ
ていることがわかる（ベネッセ教育総合研究所，2006）。

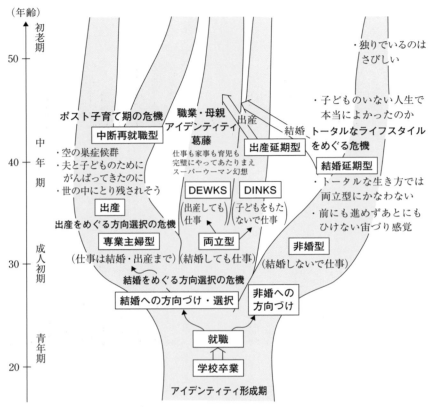

図 11−4　現代女性のライフサイクルの木
（出所）岡本，1994

　それでは，なぜ多くの女性は出産を機に仕事を辞めることを選択するのだろう
か。子どもを預ける施設の不足や労働条件の問題も想定されるものの，「子どもが
幼い時には母親が家庭で育てたほうが子どもは心身とも健全に育つ」という意識，
つまり 3 歳児神話からの圧力があると考えられる。この 3 歳児神話は 1998 年の厚
生白書で合理的根拠はないとされたにもかかわらず，今も人々の意識の中に根強く
残っている（大日向，2015）。
　さらには，男女ともに「夫は外で働いて稼ぎ，妻は家庭で育児や家事をするべき
だ」という伝統的性別役割意識[注3]を持っていることが考えられる。近年ではこの
意見に反対する割合は徐々に増えているが，実際には家事や育児は共働きであって

も妻が行うことが多く，夫の家事・育児時間は非常に少ないのが現状である。また，法律上は育児休暇制度は整っているものの，取得率が女性では80%以上であるのに対し，男性は3%（厚生労働省，2017）と非常に低い。このような現実は，育児や家事を担うことについての性別役割に対する人々の意識は変化しつつあるものの，まだ実際の行動には結びついていないことを表わしているといえるであろう。

5 生涯にわたるアイデンティティの発達

　青年期に獲得したアイデンティティも，成人期に入ると実際に職業や家庭生活の中で見直し修正する必要に直面する機会も多くなる。特に現代社会では，職業や結婚という大きなライフイベントにおいて自らが選択することが多く，その選択肢の幅も広い。それだけ，青年期に探求して見つけた積極的に関与する対象も，本当に自分にとって意義のあるものなのかと，再び探求していくことも起こりやすくなる。成人期においても，アイデンティティ達成の地位から再びモラトリアムの地位に戻り，新たなアイデンティティを探求するという過程を何度か繰り返すことで，アイデンティティは生涯を通して発達し続けるのである（中間，2014）。

事後学習

①エリクソンのアイデンティティやその統合とは何かを整理してまとめる。また，マーシャのアイデンティティ地位の中で，現在の自分はどれに当てはまるか，その理由も含めて考える。
②自分自身の仕事観や結婚観について，考えをまとめる。

参考文献

ベネッセ教育総合研究所（2006）「若者の仕事生活実態調査報告書」．http://berd.benesse.jp/koutou/research/detail1.php?id=3175

注3）この考え方が主流となったのは1973年のオイルショックを契機とする1970年代の不況期である。この時期に，企業が合理化を進め，男性に仕事優先で働くことを求め，女性には全家庭の責任を負って夫の心身を全面的に支えることが期待されたという社会情勢が背景にある（大野，2006）。

エリクソン, E.H/西平直・中島由恵訳（2011）「アイデンティティとライフサイクル」. 誠
　　信書房

国立社会保障・人口問題研究所（2015）「第 15 回出生動向基本調査」. http://www.ipss.
　　go.jp/ps-doukou/j/doukou15/doukou15_gaiyo.asp

国立社会保障・人口問題研究所（2017）「2017 年版人口統計資料集」. http://www.ipss.
　　go.jp/syoushika/tohkei/Popular/Popular2017RE.asp?chap=0

厚生労働省（2017）「平成 28 年度雇用均等基本調査（確報）」. http://www.mhlw.go.jp/
　　toukei/list/dl/71-28r-06.pdf

レーナー, H.G./中釜洋子訳（1994）「親密さのダンス―身近な人間関係を変える」. 誠信書
　　房

Marcia, J.E.（1966）　Development and validation of ego-indentity status. *Journal of Personal-
　　ity and Social Psychology*, 3, 551-558.

中間玲子（2014）　大人になるために. 坂上裕子・山口智子・林創・中間玲子著「問いか
　　らはじめる発達心理学」. 有斐閣. pp.140-157

野末武義（2008）　独身の若い成人期. 中釜洋子・野末武義・布柴靖枝・無藤清子著「家
　　族心理学―家族システムの発達と臨床的援助」. 有斐閣. pp.41-57

岡本祐子（1994）　現代女性をとりまく状況. 岡本祐子・松下美知子編「女性のためのラ
　　イフサイクル心理学」. 福村出版. pp.12-21

大日向雅美（2015）「増補 母性愛神話の罠」. 日本評論社

大野祥子（2006）　日本の「近代家族」の歴史. 柏木惠子・大野祥子・平山順子著「家族
　　心理学への招待」. ミネルヴァ書房. pp.18-23

総務省（2017）　労働力調査. http://www.stat.go.jp/data/roudou/sokuhou/tsuki/

第12章 中年期を生きる

事前学習 成人中期（中年期）の，心理的または社会的な課題について考えをまとめる。

　論語では40歳を「不惑」と表現するように，以前は，成人中期（中年期）は人生上の経験も積み精神的に安定した年代として捉えられてきた。しかし現代では平均寿命が男女ともに80歳を越えており，中年期は人生の折り返し地点，転換期と考えられている。この年代の人々にとって，子育てと老親の介護というケア[注1]が大きなテーマとなる。

　中年期に人は，子どもを持つことでそれまでの育てられる立場から，育てる立場になる。また，自分を育ててくれた親を今度はケアする立場になっていき，自分が年を取れば，自分の子どもに介護され看取られる立場になるというように，私たちは世代を順繰りにつないでいるともいえる。

1 成人中期の心理社会的課題

　エリクソンは心理社会的発達段階の中で，成人中期を第7段階とし，そこでの心理社会的な課題を世代性（generativity）とした。ジェネラティヴィティとは，生産するというジェネラティブと，創造するというクリエイティブやプロダクティブを合わせてエリクソンが作り出した用語であり，「次世代を確立させ導くことへの関心」という意味である。その代表的なものとして，子育てが挙げられるが，我が

注1) ケアという言葉は，配慮，世話，教育，介護，手入れなどの多様な事象を言い表す。今田（2013）によれば，エリクソンは，ケアとは単なる他者の世話や介護ではなく，自身の心の葛藤を克服する力であるとしている。

子を育てるだけではなく，教師として児童・生徒を教育することや，職場で部下を育てることなど，次世代の人達に自分が得てきた経験を伝え，若い人達を育てる姿勢を含む。世代性を得ることができなければ，関心や心身のエネルギーが自分の中だけに留まり，自己にこだわる状態となる。エリクソンはこのような状態を停滞と名づけ，この年代の危機とした。

　岡本（1994）は，青年期に獲得されたアイデンティティは，再度中年期および定年退職時に，「私とは何か」「自分らしい生き方とは何か」というアイデンティティの共通のテーマが繰り返され，そのつど再体制化されるとし，螺旋式発達モデルを提唱している。中年期では，Ⅰ身体感覚の変化に伴う危機期，Ⅱ自己の再吟味と再方向づけへの模索期，Ⅲ軌道修正・軌道転換期，Ⅳアイデンティティ再確立期というプロセスを経て，より成熟したアイデンティティ達成へと再体制化される。

2 現代の子育て環境

　子育ては社会や文化から強い影響を受けるため，時代とともにその様相は変化する。現代の親たちは，どのような環境で子育てを行っているのだろうか。

　1970 年代半ば頃から少子化が進み，一人の女性が一生に生む子どもの数を表す合計特殊出生率が 1989 年に戦後最低となった 1.57 ショック以降，1994 年のエンゼルプランから 2015 年の子ども・子育て新制度まで[注2] 政府はさまざまな施策によって，子育て支援の対策を行ってきた。しかし，現在の合計特殊出生率はさらに落ち込み，1.44（厚生労働省，2017）と人口を維持できる水準を下回る状況である。

　子どもが育つためには仲間，空間，時間という三つの間（三間）が必要だといわれる。現代では子ども達が自由に遊ぶことができる空間は少なくなり，保育園・幼稚園や学校以外で自由に遊ぶ時間も限られている。子ども達の自然発生的な三間がなくなったことで，親が子どもを見守ったり，遊び相手になったりする時間が増えることになる。ベネッセ教育総合研究所の 1 歳半から 6 歳の子どもを持つ保護者への調査（2016）では，「子どもが平日に幼稚園・保育園以外で遊ぶときに誰と一緒

注2）初期の政策である「エンゼルプラン」「新エンゼルプラン」では，保育所の増設など，育児期の女性の就労支援が中心であった。しかし合計特殊出生率が低下し続けたため，2002年の「少子化対策プラスワン」では支援対象が，全ての家庭や将来親となる次世代へと広げられた。その後も複数の政策が出され，2015 年の子ども・子育て新制度では子育て支援の量・質とも充実させ，全ての子育て家庭がニーズに応じて利用できる支援の提供が目指されている。いずれも，すべての子どもの心身の健全な発達を保障するために，保護者が自己実現しながら子育てできる社会づくりを目標としている。

であるか」を尋ねる項目で，調査開始時の1995年から2015年への変化として「母親」が増加し（55.1％→86.0％），「友だち」が減少した（56.1％→27.3％）ことが示されている。

　親自身も少子化の時代に育っているため，子ども時代に幼い子どもと接する機会がないままに，親になってはじめて子どもと接することになる。また，核家族化によって，従来地域のコミュニティや家族で伝承されてきた子育ての方法が伝えられることなく，親は独力で子育てに向き合わなければならない。

　従来の地域や血縁のネットワークが弱体化した分，現代では各自治体での子育て支援策が向上し，地域の子育て支援拠点や子育てひろばでは，親子のニーズにきめ細かく合わせたさまざまな催しや講座が開催されている。このような子育て支援の場は，特に就学前の子どもを持つ親にとっては貴重なネットワーク作り，情報収集，相談の場となっている。

3 子育ての両義性

　このような子育て環境の中で，親は様々な感情を抱きながら子育てをしている。親は子どもに対してかわいい，愛おしい，この子がいてよかったなど，肯定的な感情である親和的な側面と，反対に子どもの存在へのわずらわしさや，自分の言うことをきかないことの苛立ちなど反発的な側面の両方を抱く（鯨岡，1999）。一人の親であっても，子どもへの両義的な感情は，親の体調や気分，あるいは子どもの年齢によっても変化していく。たとえば子どもが第一次反抗期になれば，頻繁に子どもからネガティブな感情を出されることで，親はどうしても否定的な気持ちが強くなる場合もある。また，子どもの将来についての漠然とした不安や，子育ての閉そく感などを含む育児不安[注3]が強くなることで，子育てを楽しむことが難しくなり，子どもへの否定的感情を強めてしまうこともある。子育てについて相談する相手がおらず，一人で子育てをしているという孤立感によっても，不安感や負担感は強くなってしまう。

　子どもへの親和的側面と反発的側面の両方のバランスを取りつつ，時には反発的側面が強くなるときがありながらも，総じて親和的側面の方が強いという状態でい

注3）1980年代前半頃から，子どもを巡る問題の多発，育児経験の乏しさ，核家族化の進展などを背景に，母親達の子育てへの不安感や負担感が指摘されるようになった。育児不安とは「育児行為の中で持続し，蓄積された不安の状態で，子どもの現状や将来，あるいは育児のやり方や結果に対する漠然とした恐れを含む情緒の状態」（牧野，1982）とされる。

ることが健康的な子育てと言える。反発的側面だけが強すぎてしまうことによって，最悪の場合には虐待（→第14章）につながってしまうことになる。

4 親になるプロセス

　女性は子どもを産んですぐに「親」になるわけではない。子どもの状態や要求に何とか対応しようと試行錯誤しながら少しずつ「何とかこの子とやっていける」という思いになっていく。

　初めて親となった女性に「子育てで心配だった時期や手助けがほしかった時期」を尋ねた調査（服部・原田，1991）によれば，「退院直後」「1か月」が最も多く，次いで「1歳前後」「2歳前後」となっている（図12-1）。最も回答の多い誕生後間もない時期は，子どもの哺乳や睡眠などの生理的リズムが一定せず，母親の出産後の身体の回復も不十分であることに加え，睡眠不足などもあり身体的疲労が大きい時期である。また，子どもの泣く原因がわからないことへの困惑も大きい。しかし，生後3か月を過ぎた頃には子どもの生理的リズムも安定してくると同時に，泣きの状態によって子どもの要求を理解することができるようになり，つきあい方の加減をつかんでいく。

　次いで回答の多い1歳から2歳にかけては，子どもの「自分でしたい」「これが

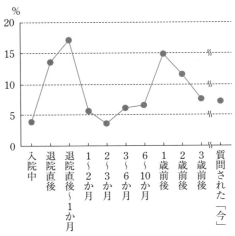

図12-1　子育てで心配だった時期
（出所）服部・原田，1991

欲しい」などの自己主張が目立ってくる時期である（→第7章）。親が言うことに対して拒否や反発を示すため，親子の間で感情的な葛藤が多くなる。このような第一次反抗期には，子どもから頻繁に向けられる反発やネガティブな感情に対して，親も子どもに対して否定的な感情を抱きやすくなる。しかし，子どもとの葛藤を経験する中で，親は子どもの発達に応じたつきあい方や，自分の考えを変えていきながら，子どもの反抗につきあっていく（坂上，2005）。

　このような子育ての過程の中で，親になったことで「柔軟さ」「自己抑制」「視野の広がり」などの，自分自身の人間的な成長を自覚し（柏木・若松，1994），「育児は育自」であることを実感していく（表12-1）。

表 12-1　親になることによる発達

	主な項目
第一因子「柔軟さ」	・角がとれて丸くなった ・考え方が柔軟になった ・他人に対して寛大になった ・精神的にタフになった
第二因子「自己抑制」	・他人の迷惑にならないように心がけるようになった ・自分のほしいものなどががまんできるようになった ・他人の立場や気持ちを汲み取るようになった ・人との和を大事にするようになった
第三因子「運命・信仰・伝統の受容」	・物事を運命だと受け入れるようになった ・運や巡り合わせを考えるようになった ・長幼の序は大切だと思うようになった ・伝統や文化の大切さを思うようになった
第四因子「視野の広がり」	・日本や世界の将来について関心が増した ・環境問題(大気汚染・食品公害など)に関心が増した ・児童福祉や教育問題に関心をもつようになった ・日本の政治に関心が増した
第五因子「生きがい・存在感」	・生きている張りが増した ・長生きしなければと思うようになった ・自分がなくてはならない存在だと思うようになった ・子どもへの関心が強くなった
第六因子「自己の強さ」	・多少他の人と摩擦があっても自分の主義は通すようになった ・自分の立場や考えはちゃんと主張しなければと思うようになった ・物事に積極的になった

(出所)柏木・若松，1994

5 父親の子育て

　長い間子育ては母親の仕事と捉えられてきた。しかし近年は自分の意志で子育て
に積極的に関わる父親も増えてきた。乳幼児を持つ父親を対象に 2005 年，2009 年，
2014 年に実施したある調査（ベネッセ教育総合研究所，2015）では，「家事・育児
に今まで以上に関わりたい」との回答が，2005 年の 47.9％から 2014 年には 58.2％
と増加したことが示されている。父親が育児を積極的に行うことによって，母親の
育児への肯定的感情が高くなり，育児による制約感が低くなるというように，父親
の育児は，母親の育児感情に対して肯定的な影響を与えることが示されている（柏
木・若松，1994）。また，父親が育児を積極的に行うことが，子どもの社会性の発
達に肯定的な影響を与えることも指摘されている（加藤他，2002）。
　しかし，前述の調査（ベネッセ教育総合研究所，2015）では，実際には父親の家
事・育児への関わりは大きくは変化していないこと（図 12-2），その背景として，
仕事からの帰宅時間が 21 時台以降と回答する父親の割合が 4 割を占めていること
が指摘されている。男性個人だけが育児をしたいと望んでも，職場においてワー
ク・ライフ・バランス[注4]の意識が浸透しなければ，男性の育児時間を増やすこと
は困難である。また，前述のように現代では，多くの自治体で子育て支援施策が積
極的に提供され，母親についてはネットワーク作りの機会や子育てに関する学びの
場は増えているが，父親を対象とした子育て支援の試みはまだ少ない。社会全体
が，子育ては母親だけが行うのではなく，父親にも子育てを行う権利と義務がある
という意識になっていくことが求められる。

6 子どもの自立

　子どもが青年期になると，子どもが親から自立していくことが課題となる。それ
まで子育てに傾倒していた親にとっては，子どもの自立は親役割の喪失という大き
な喪失体験となり，空の巣症候群[注5]に陥る場合もある。しかし，現代では子ども
が成人となっても親と同居する場合も多く，その大半は家事や生活コストも親に
頼っている（内閣府，2003）。また，親子が同居していることに満足をしているの

注 4) 仕事と生活（家庭生活，余暇活動，地域活動など）との調和を保つこと。日本では 2007
　　年にワーク・ライフ・バランス推進官民トップ会議において憲章と行動指針が示され，
　　国，地方公共団体，産業界によって，その実現が目指されている。

注 5) 子どもの大学進学，就職，結婚などの巣立ちをきっかけに，母親としての役割を失った
　　孤独感や虚無感からうつ状態になること。

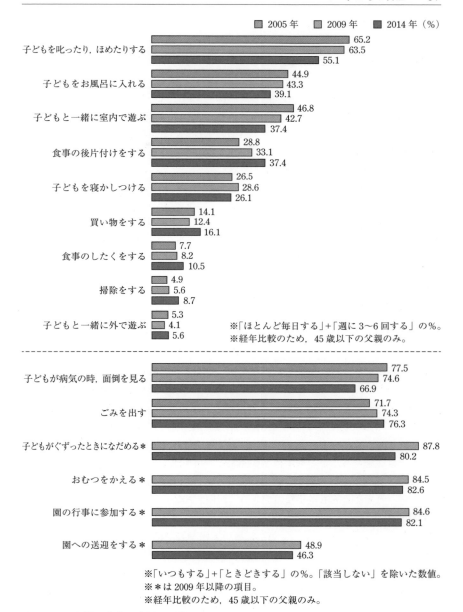

図 12-2　父親の家事・育児への関わり
（出所）ベネッセ教育総合研究所，2015

は子どもだけではなく，7割ほどの親は子どもとの同居に満足している（岩上，1997）。親にとって子どもはたとえ成人になっても精神的な拠り所であり，親子相互に精神的に頼り合うという関係となっている現状の中，子どもを自立させることは，中年期の親の大きな課題となる。

　子どもが巣立った後の中年期夫婦の課題は，夫婦二人の関係を再構築するということである。子どもがいる間は子どものことが生活や活動の中心であったが，子どもが巣立った後の生活では夫婦二人で共通の生きがいや趣味を持ったり，一緒に活動する時間を増やしたりすることを意識して行っていくことで，関係を見直していく。複数の研究によって，結婚生活の経過に伴い妻の夫への満足感が低下することが示されているが（たとえば，永井，2011），それはコミュニケーションの不足や，子育てで大変だった時期に協力してもらえなかったなどの不満が蓄積されるためとも考えられる。子どもの自立や夫の定年退職という大きなライフイベントによって夫婦間の葛藤が表面化する場合には，それを二人の関係を再検討する契機とすることが大切となる。

7　老親へのケア

　親が年老いてくるにつれ，介護や扶養が必要となる機会が増える。人は，持っている能力，時間，お金などの資源を使いながら生きている。その資源の流れは子どもが青年期までは，親から子どもへと流れていく方向であり，子どもが青年期になれば，親子とも対等になることで資源の移動がなくなる。そして親が高齢期になれば，子から親へという方向に逆転する（柏木・平山，2006）。つまり，成人中期には，子どもとしてケアを受ける立場から，親をケアする立場へと変化するのである。

　日本では従来から，子どもが親を扶養するのは当然であるとする考え方が主流であったが，現在はそのような意識は少なくなり，「施設や制度が不備のため，やむをえない」と考える人も多くなっている（西岡，2000）。

　2000年の介護保険制度成立以降，介護サービスを活用することが可能となり，介護の社会化が進んでいる。しかし利用の上限や経済的な制約により，これらのサービスが十分に利用できず，家族による介護が重要な役割を担っているのが現状である。「国民生活基礎調査」（2017）では，介護を行っているのは要介護者と同居の者が58.7％，別居の者が12.2％，施設利用が13.0％となっており，同居家族による介護が多いことがわかる。また，同居者について要介護者との続柄別にみると，配偶者が25.2％，子どもが21.8％，子どもの配偶者が9.7％であり，性別では男性

が34%，女性が66%，年齢別では60歳以上が介護者となっている割合が7割である。これらの結果からは，同居家族による介護の中の3割程度は，中年期の子ども世代が担っていることがわかる。

　介護によるストレスは，食事，入浴，排せつなどの直接的な介護によるものだけでなく，自由な時間がないという時間的な拘束感や喪失感，家族以外の者が家庭に入ることでのストレス，仕事や家事とのバランスをどのようにするかなど広い範囲に及ぶ（山口，2014）。介護者と被介護者が社会から孤立することがないように，地域社会との接点を保ちながら介護を行えるような施策が今後は一層求められる。

①エリクソンの，世代性（generativity）と停滞の意味について，具体的な例を挙げてまとめる。
②親になることによる心理面および生活面での変化について，具体的な例を挙げてまとめる。

参考文献

ベネッセ教育総合研究所（2015）「第3回乳幼児の父親についての調査」．
　http://berd.benesse.jp/up_images/research/20160531_father-repo3_all.pdf
ベネッセ教育総合研究所（2016）「第5回幼児の生活アンケート」．
　http://berd.benesse.jp/jisedai/research/detail1.php?id=4949
エリクソン，E.H/西平直・中島由恵訳（2011）「アイデンティティとライフサイクル」．誠信書房
服部祥子・原田正文（1991）「乳幼児の心身の発達と環境—大阪レポートと精神医学的視点」．名古屋大学出版会
今田高俊（2013）ジェネラティヴィティとケア—世代間交流の視点から—．西平直編著「ケアと人間—心理・教育・宗教」．ミネルヴァ書房．pp.25-42
岩上真珠（1997）シングル貴族のライフスタイル　宮本みち子・岩上真珠・山田昌弘著「未婚化社会の親子関係—お金と愛情にみる家族のゆくえ」．有斐閣．pp.44-71
柏木惠子・平山順子（2006）老年期の親と中年期の子ども．柏木惠子・大野祥子・平山順子著「家族心理学への招待」．ミネルヴァ書房．pp.171-184
柏木惠子・若松素子（1994）「親になる」ことによる人格発達：生涯発達的視点から親を研究する試み．発達心理学研究，5, 72-83.

加藤邦子・石井クンツ昌子・牧野カツコ・土谷みち子（2002）　父親の育児かかわり及び母親の育児不安が 3 歳児の社会性に及ぼす影響—社会的背景の異なる 2 つのコホート比較から—．発達心理学研究，13, 30-41.

厚生労働省（2017）　平成 28 年度　国民生活基礎調査.
　http://www.mhlw.go.jp/toukei/saikin/hw/k-tyosa/k-tyosa16/dl/01.pdf

厚生労働省（2017）　平成 28 年度　人口動態調査.
　http://www.mhlw.go.jp/toukei/saikin/hw/jinkou/gep-po/nengai16/dl/tfr.pdf

鯨岡峻（1999）　「両義性の発達心理学」．ミネルヴァ書房

牧野カツコ（1982）　乳幼児をもつ母親の生活と＜育児不安＞．家庭教育研究所紀要，3, 34-56

永井暁子（2011）　結婚生活の経過による妻の夫婦関係満足度の変化．社会福祉，52, 123-131

内閣府（2003）　平成 15 年　国民生活白書.
　http://www5.cao.go.jp/seikatsu/whitepaper/h15/honbun/index.html?sess=e1d0ba3464296091dbf0a9b419958b92

西岡八郎（2000）　日本における成人子と親との関係—成人子と老親の居住関係を中心に—．人口問題研究，56, 34-55.

岡本裕子（1994）　ライフサイクルの理論と女性．岡本裕子・松下美知子編「女性のためのライフサイクル心理学」．福村出版．pp.22-41

坂上裕子（2005）　「子どもの反抗期における母親の発達—歩行開始期の母子の共変化過程」．風間書房

山口智子（2014）　関わりの中で成熟する．坂上裕子・山口智子・林創・中間玲子著「問いからはじめる発達心理学—生涯にわたる育ちの科学—」．有斐閣．pp.158-172

第13章 高齢期を生きる

> **事前学習**　加齢に伴う身体的機能や認知機能の変化について，本章，他の書籍，インターネットなどで調べたことをまとめる。

1 老いるということ

　現在の日本では 65 歳以上の人口は全人口の 27％と 4 分の 1 を超え（総務省 2017），平均寿命は男性で 80 歳，女性で 87 歳（厚生労働省，2017）と世界の中でも有数の超高齢社会である。栄養状態，医療，生活インフラ，教育など様々な環境の向上によって，多くの人たちが長寿を実現できる社会ともいえる。それゆえに現代の高齢期では，余命としての時間を無為に過ごすのではなく，いかに充実した幸福な老いを実現するかというサクセスフル・エイジングという考え方が重視される。

　エリクソンは，心理社会発達段階の中で高齢期に相当する成人後期を第 8 段階と位置づけ，発達課題を統合とし，課題を達成できない状態である危機を絶望とした。統合とは，自分のそれまでの人生を振り返り，自分自身の唯一無二の人生として意味があったと受け入れ，死に対しても怖れることなく冷静に向き合うことができる心理的な状態である。それに対して，残された時間がないことを強く意識し，まだやり残したことがあると後悔の念が強い心理的な状態が絶望という危機となる。統合と絶望の間を揺れ動きながら，最終的には危機を乗り越えることによって，知恵（wisdom）という徳を得るとエリクソンの説く高齢者の姿は，まさにサクセスフル・エイジングを表しているといえるだろう。

　このように，人生最期の段階である高齢期は，それまでの自分の人生を振り返り肯定的に受け入れていくことが課題とされながらも，高齢者に対する世間一般のイメージは，心身機能や容貌が衰える，頑固やわがままになるなど，否定的なものが

多いといえる。このようなステレオタイプのイメージに基づく人々の老いへの否定的な意識や態度のことを，アメリカの研究者であるバトラーはエイジズムと名づけた。彼は高齢であることを理由とした差別を，人種差別と性差別に続く第三の差別として警鐘を鳴らしたのである。日本の小学生から大学生を対象とした加齢の事実に関する知識調査の結果，学年が上がるにしたがって，高齢者に対する肯定的な見方は低下し，否定的な見方が増えることが示されている。その理由として，教科書の中で高齢者が依存的な弱者として画一的に記述されることが多い点が挙げられている（藤田，2012）。高齢者に対する偏見は，高齢者自身の否定的な自己概念にも影響を及ぼすため，心身の老化についての正しい知識を教育やメディアによって伝えることや，異年齢の人たちと接触機会を持つなどによって解決していくことが必要である（パルモア，2002）。

2 認知的能力の変化

　認知的な能力は加齢とともにどのように変化するのだろうか。新しい知識を獲得したり，論理的に考えたり推論したりすることに関わる能力を知能とよび，流動性知能と結晶性知能とに分けることができる。流動性知能とは，頭の回転の速さや柔軟な思考などの情報処理能力に関わる能力であり，結晶性知能とは，言葉の意味理解や一般常識など経験を通して得た知識を活用する能力である。

　知能が年齢とともにどのように変化するかについては，長年研究がされてきた。初期の頃は，同時期に異なる年齢の集団を測定する横断法を用いた研究がされており，その結果からは20歳から30歳代前半ごろにピークとなり，その後は低下していくことが示された。しかし横断法では，その年齢群の人々が生きてきた時代がそれぞれ異なるため，文化や社会の影響を受けるというコホート効果を考慮する必要がある。若い年代の集団の人たちのほうが年齢の高い集団の人たちよりも受けた教育水準は高いため，知能テストの結果が高くなる傾向がある。

　それに対して，同じ人たちの集団を対象に長期にわたって調査を行う縦断法では，高齢期での知能の低下が小さい結果となる。しかしこの結果の解釈にも注意が必要である。一つには，長期間にわたって調査に協力可能な人たちは，途中で調査から脱落する人たちよりも身体的にも知的にも能力が高い可能性がある。さらに，同じ知能テストを受け続けることで高い得点を取りやすくなるという練習効果も存在するためである。

　シャイエらが約50年にわたって行った，横断法と縦断法を組み合わせた系列法を使用したシアトル縦断研究からは，数的知識や帰納的推論などの流動性知能は

60歳代以降に大きく低下し始め，一方の言語能力に代表される結晶性知能は60歳代まで緩やかに上昇し，80歳代以降になって低下し始めることが示されている（高山，2014）。

　流動性知能という情動処理能力や記憶力という認知能力が，高齢期に低下することを説明するものとしては，外部の情報を取り入れる聴覚や視覚など感覚機能の低下，情報を処理する速さの遅延，ワーキングメモリーの低下，関連のない情報への注意を抑制する機能（抑制機能）の低下などが想定される（増本，2014）。また，このような認知能力の加齢に伴う変化は，脳の機能や構造の変化との関連が指摘されている。たとえば，脳内の神経伝達物質の減少や血流の低下は，感覚からの情報を脳が処理する際の効率を下げることになり，前頭前野の容量が減少することは，ワーキングメモリーや抑制機能の低下につながる（増本，2014）。

３　認知機能の可塑性と補償

　課題の訓練によって，認知機能の低下を回復させることが研究から示されている。たとえば，シャイエらは14年間にわたって高齢者の流動性知能に関連する能力を評価しその能力が低下した人たちに対して，帰納推論や空間イメージ操作の課題を用いた訓練を行った。その結果半数以上の人が能力を向上させ，約40％の人は低下前の水準まで能力を回復させた（シャイエ・ウィリス，2002）。このように課題の訓練など適切な介入によって，認知機能が回復し低下を防ぐことができるため，高齢者の認知機能には一定の可塑性があるといえる。

　また，高齢者は認知機能の低下がありながらも，日常では大きな支障が生じることなく生活をしている。それは，長年繰り返し行ってきたことについては意識せず行うことで注意資源の消費を抑えるという自動化や，認知機能の低下を補うために別の認知機能を高めるという補償を行うためである。

　バルテス（Baltes, 1997）は「補償を伴う選択的最適化」という概念を提唱することによって，高齢になっても残された資源を活用して充実した人生を送ることができるとした。具体的には，自分のエネルギーや時間を振り分ける領域や対象を選択し（選択），自分の目標を達成するために，残っている資源を集中的に投入する（最適化），喪失したものに対して新たな工夫をすることで補う（補償）という3つのプロセスから成る。バルテスらはこの概念を説明する具体的な例として，有名な高齢のピアニストであるルービンシュタインの晩年を挙げている。ルービンシュタインは高齢になって身体機能の低下を認識した際，いくつかの曲を選択して，それらの曲だけを演奏し（選択），選択した曲を充分に時間をかけて練習し（最適化），

テンポの速い部分は音の強弱によってアクセントをつけることで補った（補償）。このようにして，晩年まで高いレベルの演奏を維持し聴衆を魅了し続けたのである。

4 高齢期の「知恵」

　エリクソンが，第8段階の発達課題を達成していく中で得ることができる徳として挙げた知恵とはどのようなものだろうか。バルテスは，知恵を「人生についての基本的で実践的な熟達した知識と判断」であり，「知性と人格の調和」と定義している。また，たとえば「15歳の少女が結婚したいと言っているときに，どのように考えて対応をするのか」などの架空の人生問題への回答の仕方を，5つの基準から判断することで知恵を測定する方法を考案した。5つの基準とは①人生の問題についての豊富な宣言的知識，②人生の問題に対応するための方法に関する豊富な手続き的知識，③問題の背景にある文脈の理解，④価値が相対的であることの理解，⑤不確実性の理解である（Baltes & Staudinger, 2000）。バルテスらの研究では，年齢と知恵には関連がない結果となり，必ずしも加齢に伴って知恵を得ることができるわけではないことが示された。多様な経験や価値観に開かれているというパーソナリティ，辛いライフイベントに遭遇しても回避することなく主体的に問題解決をするという行動的特徴，体験からポジティブな要素を導き出し，そこから教訓を得て経験を一般化させる傾向などが知恵の獲得につながることを示す研究も報告されている（高山，2014）。

5 高齢者の家族や社会とのつながり

　私たちは家族，友人，職場，地域の人々との関係の中で生活をしている。このようなソーシャル・ネットワークが，高齢期になると配偶者の死や職場からの引退などのライフイベントによって大きく変化することは，コンボイ・モデル（Kahn & Antonucci, 1980）によって説明できる（図13-1）。コンボイとは護送船団という意味であり，個人を中心に3層の同心円から成る。最も内側の円には役割や状況の影響を受けにくい親密で重要な人々が想定され，最も外側の円には役割変化の影響を受けやすい人々が想定される。最も内側に入る配偶者や親友は，社会的役割を超えた関係であるため長く続きやすいのに対し，外側の円に入る上司や同僚との関係は退職することによって途絶えることが多い。加齢に伴い，配偶者や友達など身近な人の死による関係の喪失が増え，退職によって同僚や上司と疎遠になるなど，コン

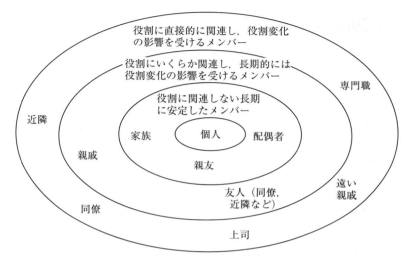

図 13-1　コンボイ・モデル
（出所）Kahn & Antonucci, 1980

ボイの構成が変化することによる心理面への影響も大きい。

　高齢者のソーシャル・ネットワークは時代の変化からも影響を受ける。65歳以上の高齢者の家族構成は，三世代同居も含めた子どもとの同居が1989年の52％から2016年には32％と減少した一方で，一人暮らしが1989年の15％から2016年には27％と増加している（厚生労働省，2017）。

　一人暮らしの高齢者が年々増えているとはいえ，「高齢者の生活と意識に関する国際比較調査」（内閣府，2015）によると，欧米（アメリカ，スウェーデン，ドイツ）と比べれば，日本は子どもと同居している人の割合はまだ高い。しかし，別居している子どもと会ったり電話などで接触する頻度が「ほぼ毎日」「週1回以上」を合わせた回答がアメリカやスウェーデンでは約8割であるのに対して日本は約5割と，別居している子どもたちとの交流は多いとはいえないことも示されている。

　さらに，同調査によると「子どもや孫とは，いつも一緒に生活できるのがよい」と考える人の割合が1980年の第1回調査時の59％から2015年には27％と減少している一方で，「いつも一緒に生活をするよりは，時々会うのがいい」との回答が30％から51％へと増えている。高齢者の家族との関係への期待が時代とともに変化しているといえる。

6 超高齢期を生きる

　現代の日本では，75 歳以上の後期高齢者の人口は 1990 年には 4.8％であったの
が，2016 年には 13.4％と増加している（総務省，2017）。また，100 歳以上の人た
ち（百寿者）も統計を取り始めた 1963 年には 153 人であったのが，2016 年には 6
万人を超えるまでになっている（厚生労働省，2016）。後期高齢者や百寿者を含め
た超高齢者は，60 歳代後半から 70 歳代前半の前期高齢者の人々とは異なる心身の
特徴があるはずである。

　身体機能の衰えを，自立して生活する能力の加齢に伴う変化から見ると，男性で
は 80 歳を超えて自立を維持する人は 1 割であり，2 割が 70 歳前に死亡するか重度
の介助が必要となり，7 割の人は 75 歳頃から徐々に自立度が落ちていく。女性で
は 9 割の人が 70 歳代半ばから徐々に自立度は低くなっていく。このように男女合
わせると約 8 割の人が 75 歳から徐々に身体機能が衰え始めていき，生活面で何ら
かの介助が必要となる（秋山，2012）。

　エリクソン夫妻は 80 歳代半ば以降の人々には，第 8 段階とは異なる発達課題が
あるとし，第 9 段階を加えた。これらの人々は身体的自立の喪失によって自信をな
くし，親しい人々との死別を多く経験することによって，自らの死を強く意識する
ようになる。しかし，乳幼児期の発達課題と同様に，他者に対する「基本的信頼
感」を抱くことでこれらの心理的な危機を乗り越えることができ，希望という徳を
得るとした。

　トーンスタム（Tornstam, 1997）は，超高齢者の心理的状態を老年的超越という
概念で表した。富や地位などへの執着や自分へのこだわりがなくなり，人類や宇宙
との一体感が高まり，生死の区別を重要視しなくなることで死への恐怖も払拭され
ていくとされる。

　超高齢期に限らず，加齢とともに身体機能，認知的能力，ソーシャル・ネット
ワークの縮小が生じても，高齢者は若い年代の人々よりもネガティブな感情を抱く
ことが少なく，ポジティブな感情を抱くことが多いことや，主観的幸福感が高いこ
とが示されている。このような「エイジングのパラドックス」を説明するものの中
に，カーステンセンの社会情動的選択性理論（Carstensen, 1995）がある。この理
論では，人の行動を動機づける目標には，情報の獲得によって自分の将来を最適な
ものにしようとする目標と，ポジティブな感情を最大にし，ネガティブな感情を最
小にすることで感情的安定を求める目標とがあるとされる。若い世代の人々は就職
や結婚などこれからの人生を開拓していく機会が多いため，新しい人と出会ったり
多くの情報を獲得したりすることが重要な目標となるが，高齢者は人生の残り時間

が限られているために，なじみの人とのつきあいを大事にするなど，感情を安定さ
せることでの充足感を求める。このようにして高齢者は，残っている資源を使いな
がら残りの人生を豊かに過ごそうとするのである。

7 死に向き合う

　人がどのような段階を経て自分自身の死に向き合って受け入れていくのかについ
て，キューブラー・ロス（1969）は癌の末期患者へのインタビューを通して，死の
プロセスとして5段階理論を提唱した。自分の予期される死を認めない「否認」，
なぜ自分なのかという「怒り」，神や運命に祈るなどの「取引」，否認や取引が無駄
であることを知ることでの「抑うつ」，自分の死を静かにみつめる「受容」へと至
るとされる。必ずしもこれら全ての段階を体験するわけではないが，避けることの
できない死や障害を受け入れる上での心理的なプロセスとして，一つの重要な視点
であるといえる。

　超高齢社会では，特に後期高齢者の死亡数が増加していき，死は特別なものでは
なくなっていく。現代では病院で死を迎える率が約8割と高いが，今後はいっそう
高齢者人口が増えるため病院だけで死を受け入れることが難しくなり，老人保健施
設や自宅などの病院以外の場所で死を迎える人が多くなる可能性がある。そうなれ
ば，これまでは医療の手の中にあった死を取り戻すことになる一方で，私たち自身
が看取りというものに向き合っていく必要に迫られることになる。死を迎える場
所，延命治療の希望，葬儀，財産の分配などについて，どのようにしたいのかを生
前から意識し，子ども世代に伝えることで死の準備をする人も増えていくであろう
（佐藤，2014）。死とどのように向き合い，死をどのように迎えるのかは，自分の生
きてきた人生の集大成ともいえる。

事後
学習

①エイジズムをなくすためには，どのようなことが必要だろ
　うか。講義内容をふまえた上で，自分の考えをまとめる。
②サクセスフル・エイジングを実現するためには，高齢期に
　おいてどのような生き方をすればよいのだろうか。講義内
　容をふまえた上で，自分の考えをまとめる。

参考文献

秋山弘子（2012）　サクセスフルエイジング．高橋惠子他編「発達科学入門—青年期〜後期高齢期—」．東京大学出版会．pp.237-250

Baltes, P.B（1997）　On the incomplete architecture of human ontogeny: Selection, optimization, and compensation as foundation of developmental theory, *American Psychologist*, 52, 366-380.

Baltes, P.B. & Staudinger. U.M（2000）　Wisdom: A metaheuristic（pragmatic）to orchestrated mind and virtue toward excellence. *American Psychologist*, 55, 122-136.

Carstensen, L.L.（1995）　Evidence for a life-span theory of socioemotional selectivity. *Current Directions in Psychological Science*, 4, 151-156.

Erikson, E.H. & Erikson, J.M./村瀬孝雄・近藤邦夫訳（2001）「ライフサイクル，その完結」増補版．みすず書房

藤田綾子（2007）「超高齢社会は高齢者が支える—年齢差別を超えて創造的老いへ—」．大阪大学出版会

Kahn, R.L & Antonucci, T.C（1980）　Convoys over the life course: Attachment, roles, and social support. In P.B. Baltes & O.G. Brim Jr.（Eds.）*Life Span Development and Behavior*, Vol.3. Academic Press.

厚生労働省（2016）　平成 28 年 9 月 13 日報道発表資料．
http://www.mhlw.go.jp/stf/houdou/0000136510.html

厚生労働省（2017）　平成 28 年度 国民生活基礎調査．
http://www.mhlw.go.jp/toukei/saikin/hw/k-tyosa/k-tyosa16/index.html

厚生労働省（2017）　平成 27 年簡易生命表の概況．
http://www.mhlw.go.jp/toukei/saikin/hw/life/life15/index.html

キューブラー・ロス，E/川口正吉訳（1971）「死ぬ瞬間—死にゆく人々との対話」．読売新聞社（Kübler-Ross, E（1969）*On Death and Dying*）

増本康平（2014）　情報処理機能の変化．佐藤眞一他著「老いのこころ—加齢と成熟の発達心理学—」．有斐閣アルマ．pp.65-103

内閣府（2015）　第 8 回高齢者の生活と意識に関する国際比較調査結果．
http://www8.cao.go.jp/kourei/ishiki/h27/zentai/index.html

パルモア，E.B/鈴木研一訳（2002）「エイジズム—高齢者差別の実相と克服の展望」．明石書店

佐藤眞一（2014）　死にゆくこころ．佐藤眞一他著「老いのこころ—加齢と成熟の発達心理学—」．有斐閣アルマ．pp.225-249.

シャイエ，K.W. & ウィリス，S.L./岡本秀樹訳（2006）「成人発達とエイジング」第 5 版，ブレーン出版（Schaie, K.W. & Willis, S.L.（2002）*Adult Development and Aging*）

総務省（2017）　人口推計．
http://www.stat.go.jp/data/jinsui/2016np/index.htm

高山緑（2014）　英知を磨く．佐藤眞一他著「老いのこころ—加齢と成熟の発達心理学—」．有斐閣アルマ．pp.105-123

Tornstam, L（1997）　Gerotranscendence: The contemplative dimension of aging. *Journal of Aging Studies*, 11, 143-154.

第14章 **発達の途上での つまずき**

> 事前学習
> ・発達障害の定義とその種類について，本章，書籍やインターネットで調べ，まとめる。
> ・児童虐待の種類と，児童相談所への相談件数について，資料をもとに調べる。

　近年では，教育，子育て支援，福祉などの現場において，子どもの発達的な偏りや，親子関係に問題のあるケースが目立つようになり，臨床的問題がどのようなメカニズムで生じるのか，あるいはどのように支援をするのかという点への関心が高まっている。今日では，発達の偏りやつまずきを，生物学的，心理的，社会的側面からとらえることが必要であるという考え方になっている。生涯を通してさまざまな臨床的問題は生じるが，この章では発達障害と児童虐待について取り上げる。

1 発達障害とは

　発達障害とは，乳児期から青年期までに発症する中枢神経系の機能障害または遅滞である。精神医療現場で多く使用されている DSM-5[注1]では，知的能力障害，コミュニケーション症，自閉スペクトラム症，注意欠如・多動症，限局性学習症，運動症を下位分類とし，これらを神経発達症とよぶ。一方，日本において 2005 年から施行された発達障害者支援法[注2]では，「自閉症，アスペルガー症候群，広汎性発

注1）DSM-5（Diagnostic and Statistical Manual of Mental Disorders. Fifth Edition）
　　2013 年にアメリカ精神医学会が改訂した診断基準。「精神疾患の診断と統計マニュアル」と訳される。
注2）発達障害者支援法
　　2004 年公布，2005 年施行され，国及び地方公共団体が発達障害の早期発見に努め，教育，医療，福祉，労働の分野でライフステージを通した一貫した支援の施策を行うことの責務が明記された。

達障害，学習障害，注意欠陥多動性障害などの脳機能の障害」とされる。このように，診断や法律の枠組みによって分類の仕方は異なるが，生まれ持った中枢神経系の問題があり，その様相が発達の過程の中で明らかになっていくという点は共通する。文部科学省（2012）によれば，通常学級に在籍する小中学生の約 6.5％は，発達障害の可能性があり教育的支援を必要としている。

①　自閉スペクトラム症（ASD : autism spectrum disorder）

DSM-5 では，①社会的コミュニケーションおよび相互的関係性における持続的障害　②興味関心の限定および反復的なこだわり行動・常同行動，という 2 つの特徴に該当することを診断基準としている。つまり，人との相互的なコミュニケーションが難しく，行動や興味の幅が限られ，パターン化した行動を好むという特徴を持つ。そのため，予定が急に変わるとパニックになったりする。また，感覚的な過敏さや，反対に鈍感さを併せもっている場合もある。これらの特徴に加えて知的能力障害を合併している人もいるが，その程度もさまざまであり，知的能力障害を伴わない高機能自閉症と診断される場合もある。状態像が多様であることに加え，年齢に伴い，もともと持っている困難さの現れ方が変化する。たとえば社会的コミュニケーションの難しさは，乳児期には視線が合わない，共同注意（→第 6 章）が成立しないなどの特徴によって，養育者が育てる上で困難を感じることにつながる。幼児期になると，他児と関心を共有することの難しさから集団に入らないということや，児童期には他者の視点に立ったやり取りの難しさから対人関係でのトラブルが多くなることもある。

スペクトラムとは連続体を意味し，症状が重く，日常生活や社会適応の上で困難を伴う場合から，自閉症的な特徴はあるものの，その程度は弱く支援を必要とせずに社会の中で生活ができる状態まで連続しているという捉え方である。

②　注意欠如（欠陥）/多動症（AD / HD : attention-deficit / hyperactivity disorder）

多動・衝動性と不注意に分けられる。多動・衝動性とは，落ち着いてじっとしていることが難しい，順番を待つことができないという特徴であり，不注意とは，注意を持続することが難しく，課題を最後までやり遂げることができない，忘れ物が多いなどの行動特徴となって現れる。一度に与えられる情報が多くなると，特にこれらの特徴が目立つことになる。

このような特徴から，AD / HD の子どもは周囲から叱責されることが多くなるため，自己肯定感が低くなり，他者への攻撃的な態度を取ったり，周囲とのトラブルが目立ったり，不登校となるなど二次障害[注3]につながる場合もある。

注 3) 二次障害
　障害本来の困難さではなく，障害によって副次的に引き起こされる問題。

③ 限局性学習症（学習障害）（SLD：specific learning disorder）

　知的な発達全般の遅れや視覚障害，聴覚障害などがないものの，読み，書き，計算の中で特定の能力や機能に困難がある状態である。具体的には，耳で聞いた内容を理解すること，読んで文章の意味を理解すること，字を正確に書くことが苦手であり，計算ができないなどの行動特徴である。主に学習に関することであるため，就学以降に診断されることが多い。症状の特徴から，本人の努力不足にされることが多いため，本人の自己肯定感が低くなる場合も多い。

2 発達障害への支援

　子どもの発達上の問題に気づいた際，早期に正確に診断を行った上で，適切な対応を検討することが二次障害を防ぐことにもなり，重要である。乳幼児期であれば，母子保健法に基づいて各自治体で実施している1歳6か月健康診査や，3歳児健康診査において，心身の発達の状態が診断される。また，乳幼児期の健康診査以外でも，病院などの専門機関において，養育者からの聞き取りや子どもの行動観察，発達検査や知能検査[注4]などによるアセスメントによって，子どもの発達の状態を理解し，必要な支援の方向性を見い出すことができる。

　障害を持つ人達への支援のあり方には，本人に対する直接的な支援，つまり個別支援と，本人を取り巻く周囲の環境や人の対応を本人の特性に合わせるという環境調整とがある。

　個別支援については，アセスメントによって明らかになった本人の特性に合った方法によって，本人の困難な部分を改善していくことが行われる。発達障害の個別支援については，現在，応用行動分析（ABA）[注5]やソーシャルスキルトレーニング（SST）[注6]やTEACCH[注7]など，さまざまな手法が存在し，療育機関などで実施されている。

注4）代表的な知能検査として，田中ビネー知能検査，WPPSI知能検査，WISC-Ⅳ知能検査がある。乳幼児の場合には，発達が未分化であることや，言語による検査ができないため，新版K式発達検査や遠城寺式乳幼児分析的発達検査などの発達検査を行う。各検査の特徴や対象年齢などについて理解し，事前に実施の訓練を充分に行う必要がある。

注5）人間の行動を左右するのは，行動の前に起こることではなく，行動の後に起こること（＝結果）であるとする学習理論をもとに，強化と消去を用いて子どもの適切な行動を伸ばし，不適切な行動を減らすことを目的とする。

注6）コミュニケーション技術や，さまざまな問題・課題に対処するために必要なスキルを向上させることによって，人間関係を構築したり，集団生活に適応できるようにする。

　環境調整の例としては，ASD の人は予定変更が苦手で，聴覚的刺激だけでは理解が難しいという特徴を持つことが多いため，前もって視覚的な情報によって予定を提示することで混乱を防ぐことが挙げられる。また，混乱した時に落ち着ける場所を，部屋の一角に設定するのも一例である。AD/HD の人は，情報が多くなると混乱してしまうので，一度に与える情報を少なくする，SLD の人については書くことや計算が苦手であれば，パソコンや電卓などの補助ツールを使うことによって不得意なところを補うなどの方法がある。発達障害には症状や特徴に多様性があるため，このような対応も診断名から一律に決めるのではなく，本人や家族のニーズも考慮し，その人ごとの行動特徴を充分に観察した上で，適切な環境を整えることが必要となる。

３ 児童虐待の発生要因

　児童虐待防止法[注8]が 2000 年に施行され，それ以降何度か改正され，さまざまな対策がなされてきたにもかかわらず，児童相談所への相談件数は年々増加し続けている。この法律で児童虐待は，身体的虐待，心理的虐待，ネグレクト，性的虐待に分類されており，近年は，特に心理的虐待の増加が顕著となっている。しかし，実際には複数の種類の虐待が同時に進行している場合もあり，ケースによってさまざまである。また，性的虐待が十分に把握されておらず，実際の発生件数は公的な数値以上になるのではないかとの指摘もある（杉山，2013）。

　虐待の発生には多様な要因が関わっている。そのリスク要因としては，親側の要因（生育歴上の問題，精神疾患，妊娠への否定的感情，子育てのスキルのなさ），子ども側の要因（育てにくい気質，病気や障害など），親や家族を取り巻く環境要因（経済的困難，失業，コミュニティからの孤立，夫婦関係の悪化など）が挙げられる。しかし，虐待につながる要因は一つだけではなく，いくつかの条件やリスク要因が複合的に組み合わさることで生じる。また，リスク要因のみに着目するので

注7）ノースカロライナ大学のショプラーが創設した。「子どもの適応能力を向上させる」「両親が共同治療者として協働する」「生涯にわたる支援を提供する」などの 7 つの原則をもとに行われる。教材や家具の配置など物理的環境をわかりやすくする，個別の視覚的スケジュールを提供するなど，構造化した指導を特徴とする。

注8）学校，児童福祉施設，医療機関の職員などに虐待の早期発見の努力義務が課された。改正によって，発見の際の通告義務範囲の拡大や，児童相談所の立入調査の強化などが定められ，虐待予防・早期発見・早期介入の取り組みが目指されている。2005 年の改正で，配偶者間暴力を目撃させることも，心理的虐待の一つとされた。

はなく，補償するプロテクト要因を考慮することも必要となる。たとえば，家族や地域の子育て支援施設によって，子育てを支えてもらうことができれば，虐待につながることを防ぐこともできるであろう。

4 虐待の子どもへの影響

　子どもが長期に虐待を受け続けることは，低身長，低体重や，脳の発育不全などの身体的影響や，言語や認知機能の遅滞，対人関係の困難さなど，心身の発達の広い範囲へ深刻な影響を及ぼす。杉山（2013）は，児童虐待の後遺症を端的に表現すれば，アタッチメント形成の障害と慢性のトラウマであると指摘している。

　虐待は，本来であれば子どもが発達早期から形成するアタッチメントに対して重大な影響を及ぼす。特定の大人へのアタッチメントを形成できずに，誰にもアタッチメント行動を向けず，感情的な反応が少ない場合（DSM-5 では，反応性アタッチメント障害）や，反対に誰に対しても見境なく接触しようとする場合（DSM-5 では脱抑制型対人交流障害）とがある。このようなアタッチメント障害は，他者との関係性の問題だけではなく，感情や行動をコントロールすることや，コミュニケーションの困難さにつながる。これらの行動特徴は，発達障害の特徴と類似しており，虐待によるものであるのか，発達障害に起因するものであるのかの判断が難しいとされる。

　慢性のトラウマ，つまり複雑性トラウマによって，解離性障害と外傷後ストレス障害（PTSD）を引き起こす。解離とは，強い苦痛を感じた際に，意識を身体から切り離すことで，苦痛を感じないようにする防衛機制の一種である。解離はトラウマ記憶についての健忘を生じさせ，一方では突然の想起，つまりフラッシュバックを引き起こす。外傷後ストレス障害は，過覚醒や脈拍の亢進など生理的な不安定が継続し，フラッシュバックが多発し，トラウマとなった出来事を想起させる場所や状況を避けるなどの一連の反応を引き起こす。

5 世代間連鎖を断ち切るために

　虐待を受けて育った子どもが養育者になった際，自分がされたのと同じように，我が子に虐待をする場合もある。このような世代間連鎖は，養育者となっても，自分が受けてこなかった適切な養育のあり方がわからないことや，自分は得ることができなかった愛情を我が子に与えることへの戸惑いがあるために起こる。

　虐待の程度が重大であれば，子どもは施設や里親のもとで養育者と離れて過ごす

場合もある。その場合にも施設職員や里親の丁寧な関わりを積み重ねることで，子どもも養育者も，自分や家族への嫌悪と受容を行ったり来たりする中で，少しずつ自分や家族を赦していく。もちろん，そこに至るまでには，親子も，支える援助者も並大抵ではない心身のエネルギーを使うことになる。虐待をする養育者は，子どもの頃から自分が他者から大切にされてこなかったという経験をしている場合が多いため，困った時にも援助の声を出しにくい傾向がある。丁寧な援助を受ける中で，子どもも養育者も助けてくれ味方になってくれる人が地域にいることを実感することが，世代間連鎖を断ち切ることにつながる。

事後学習

①発達障害（自閉スペクトラム症，注意欠如（欠陥）/多動症，限局性学習症）の人を支援する際に，どのように環境調整を行えばよいだろうか。授業内容も参考に，自分の考えをまとめる。
②児童虐待が生じるリスク要因，および児童虐待を防ぐためのプロテクト要因について，整理しまとめる。

参考文献

増沢高（2009）「虐待を受けた子どもの回復と育ちを支える援助」．福村出版

文部科学省（2012）「通常の学級に在籍する発達障害の可能性のある特別な教育的支援を必要とする児童生徒に関する調査」．http://www.mext.go.jp/a_menu/shotou/tokubetu/material/__icsFiles/afieldfile/2012/12/10/1328729_01.pdf

森則夫・杉山登志郎・岩田泰秀（2014）「臨床家のためのDSM-5 虎の巻」．日本評論社

尾崎康子・三宅篤子（2016）「知っておきたい発達障害の療育」．ミネルヴァ書房

坂上裕子・山口智子（2014）発達は十人十色．坂上裕子・山口智子・林創・中間玲子著「問いからはじめる発達心理学」．pp.190-209

杉山登志郎（2013）子ども虐待の新たなケアとは　杉山登志郎編著「子ども虐待への新たなケア」．学研教育出版．pp.5-19.

索　引

【略歴】

金丸智美　淑徳大学総合福祉学部実践心理学科　准教授

　東京大学教育学部教育心理学科卒業後、民間企業に 11 年間勤務。お茶の水女子大学大学院人間文化研究科発達社会科学専攻博士前期課程修了、同大学院博士後期課程単位取得後退学。(公財)小平記念日立教育振興財団 日立家庭教育研究所 主幹研究員を経て、2015年より現職。「いっしょに考える家族支援」(明石書店)、「実践・発達心理学」(みらい)、「よくわかる情動発達」(ミネルヴァ書房) を分担執筆。

発達心理学
生涯にわたる心の発達

定価 2,200 円＋税

2018 年 2 月 15 日　第 1 版第 1 刷発行©

著者　　　　金丸　智美

発行　　　　株式会社　クオリティケア

代表取締役　鴻森和明

〒 176-0005 東京都練馬区旭丘 1-33-10

電話　03-3953-0413

e-mail：qca0404@nifty.com

URL：http://www.quality-care.jp/

ISBN 978-4-904363-68-3

C3047　¥2200E